鬼訊怪談

渡部正和

竹書房
怪談
文庫

※本書に登場する人物名は、様々な事情を考慮してすべて仮名にしてあります。また、作中に登場する体験者の記憶と体験当時の世相を鑑み、極力当時の様相を再現するよう心がけています。現代においては若干耳慣れない言葉・表記が登場する場合がありますが、これらは差別・侮蔑を意図する考えに基づくものではありません。

御挨拶

渡部正和

初めまして、若《も》しくは御無沙汰しております。お初の方も、そうでない方も、数多《あまた》有る実話怪談本の中から本書をお選びいただき、幸甚の至りに存じます。約二年ぶりかつ迂拙《うせつ》五冊目の単著、『鬼訊《きじん》怪談』の幕開きと相成ります。

さて、このように他人様の不幸が絡んだ体験談を長い間蒐集していますと、色々とおかしなことに見舞われます。そのいずれも勘違いの類で済まされるような出来事にすぎないのかもしれませんが、当の本人にとっては堪《たま》ったものではありません。

まあ、それはさておき、今回は専門用語が頻出《ひんしゅつ》する体験談が少々ございますが、でき得る限り御存じない方への配慮をしつつ執筆いたしました。そして願わくば、体験者若しくはその関係者の方々からの生の戦慄を、皆様に少しでも感じていただけましたら、これに勝る悦《よろこ》びはございません。

それでは、お好みの飲み物等を片手にリラックスしながら少しずつ頁《ページ》を捲《めく》りつつ、ですがゆめゆめ油断などせずに、御用心しながら先へとお進みくださいませ。皆様方に障りなぞないなどとは、とてもとてもお約束できませんので。

目次

アレ

営業職の福島さんは、都市近郊にアパートを借りて住んでいる。

会社までは電車で一時間半の通勤時間である。

毎日出勤時に繰り広げられる、地獄のような通勤ラッシュに精神と体力を削られて、ほとほと嫌気が差していた。

更にそこまで苦労して通っている会社は、営業のノルマがとても厳しく、これまた毎日のように甲高《かんだか》い声で上司に叱責されていた。

「でも、自分。今まで何回も転職しているんで。ここを辞めてしまったら、もう何処に行ってもやっていけないんで……」

やや達観したような口調で話しながら、盛んに周囲を気にしているように感じられる。

どうやら注意散漫な性格なのか、あちらこちらに視線を動かしているようにも見える。

そんなにファミレスが珍しいのかと訝《いぶか》ったが、どうやらそうではないらしい。

「……すいません。アレが覗き見しているような気がして」

「アレ、ですか？」

「ええ、アレです」

話は約半年前に遡《さかのぼ》る。

明らかに不健康な生活を送っている、と考えた福島さんは、会社から帰宅後、近所を散歩することにした。

様々なストレスに精神が悲鳴を上げていたのか、ついつい暴飲暴食をしてしまい、ほんの僅かの間に十キロ以上太ってしまったことがきっかけとなった。

毎朝、七時前には家を出て、帰宅するのは決まって二十二時過ぎ。

本来ならば早く休んで英気を養うべきなのであろうが、彼の場合は違った。

「もう、ダメなんですよ。毎日毎日、自宅と会社の往復で一日が終わるのが、耐えられないんですよ」

そう思うと、何かをせずにはいられない。

そこで始めたのが、帰宅してからの散歩であった。

勿論《もちろん》、そんなに歩く時間はない。

時間で言えば一時間程度、距離にすれば往復で五キロ程度、ひたすら歩く。

彼の住む辺りは田圃《たんぼ》や林が結構残っているので、車通りのない場所を選んだ。

初めは半信半疑であったが、思ったよりも効果があることが分かった。

心なしかストレスが軽減されたような気がするし、毎朝の寝起きがいつもとは明らかに違って良好であった。

「まあ、そんな訳で。一週毎に歩くコースを色々変えながら、毎晩歩いていたんですが……」


とある金曜日。

その日はいつもより残業時間が長くなって、最寄り駅を降りたのは深夜零時を回っていた。

巷《ちまた》では明日から三連休らしいが、自分には一切関係がない。駅に溢《あふ》れかえる妙に浮かれている連中を尻目に、いつもよりもヘトヘトの状態で帰宅した。

今日位はサボっても仕方がないよな、などといった悪魔の囁《ささや》きを振り払って、彼は着替えもせずに散歩へと出掛ける。

やや速歩《はやあし》で、いつものコースを歩いていく。

季節は初夏。

夜気に当たって散歩をするには、非常に心地良い季節である。

しかしながら、深夜ということもあって人の姿は全く見かけない。

時折、何処からともなく現れた小動物の気配を感じることがあったが、襲ってくるはずもないし何の問題もなかった。

さすがに深夜ともなると、年代物の薄汚れた街灯だけでは周りが視え辛く歩き難《にく》かったが、何度も歩いた道だったのでこれまた問題はなかった。

すると、いつも目印にしているこぢんまりとした廃屋らしき物件と小さな畑が見えてきた。

持ち主が違うのかどうかまでは分からないが、荒れ果てた平屋の廃屋とは違って、恐らく敷地内にある畑はしっかりと整備されている。

だが、いつもとは何処か違うことに気が付いた。

普段ならすぐに折り返す地点のはずだが、今日に限っては側で立ち止まり、辺りに視線を巡らせる。

「あ、そうか！」

深夜に一人でいるのにも拘《かかわ》らず、思わず声を出してしまった。

綺麗に耕された畑の端っこに、洗濯機らしきものが放置されているのだ。

恐らく、誰かが不法投棄したものであろう。

別段珍しくもなかったが、何故か気になってそれに近づくと、月明かりの下でまじまじと観察し始めた。

家電に詳しくはなかったが、これは誰が見ても分かる。

多分、単身者向けの二槽式洗濯機に違いない。

非常にコンパクトなサイズで、前面には薄ぼんやりと〈4・5kg〉の表示があった。

上側の操作部分は全てダイヤル式で、その薄汚れて黄色く変色した外観からも相当な年代物に思われる。

しかし、メーカー名と型番が表示されていると思しき部分は鋭利な何かで雑に削り取られており、そこまでは分からなかった。

コンセント部分は線の途中で無残にも切り取られ、情けないほど短くなったビニルコードが剥《む》き出しになっている。

まあ、別にどうでもいいか。

あっという間に見飽きたのか、すぐにどうでも良くなってしまい、踵《きびす》を返して帰路に就こうとしたそのとき。

何処からともなく、幼子の笑うような声が耳に入ってきた。

その瞬間、何とも表現のしようのない感情に囚われて、思わず全身が総毛立つ。

やがてその感情が恐怖由来であることに気が付いたが、それは一層強くなるばかりであった。

こわい、恐い、怖い。

こんな時間に、一体何なのか。

すぐさま辺りに視線を幾度となく巡らせるが、名前も知らない羽虫や甲虫の類しかその場には見当たらない。

いやだ、嫌だ、厭《いや》だ。

早く、帰ろう。早く帰って、身体を休めよう。明日も仕事がある。

いっそのこと走ってこの場を去ろうかとふと思ったとき、視線が洗濯機の上っ面を捉えた。

右側に位置する、やや小さい蓋が開いていた。ということは、恐らく脱水機だと思われる。

「うそっ！」

先程まで、間違いなく閉まっていた。

それだけは自信がある。

だが、今は確実に蓋が開いている。

これまた、絶対に間違いがない。

早くこの場を離れたいのにも拘らず、足が竦《すく》んで動けない。

いつの間にか激しく動き始めた心臓の鼓動を感じながら、視線は薄汚れた洗濯機に釘付けになっている。

そのとき、黄褐色に黒い部分の混じった毛の塊《かたまり》のようなものが、物凄いスピードで洗濯機に向かって走ってきた。

そして、彼の見守る中、勢いよく蓋の開いた脱水部分に向かって飛び込んでいったのだ。

すると間もなく、洗濯機が耳障りな異音を発しながら、突拍子もない唸《うな》り声を上げ始めた。

〈ええっっ！　どういうこと？　電源なんて通ってないじゃん！〉

恐らく脱水部分が回り始めたのであろう。次第に轟音を上げながら、ウンウン喚《わめ》き散らしている。

と同時に、か細い獣の悲鳴のようなものが聞こえたかと思うと、血飛沫《ちしぶき》やこぢんまりとした何らかの塊が洗濯機の周辺に飛び散った。

「うわっ」

思わず声を出してそこから逃げ出そうと試みるが、何故か足が言うことを聞かない。

というか、この場になって気が付いたのだが、足首を何者かに握られているような気がする。

恐る恐る視線を足下に向かって動かす。

しかし、誰も足首を押さえ付けてなどいない。

ほっと安堵《あんど》の溜め息を吐《つ》いたそのとき、またしても幼子の狂ったような笑い声が聞こえてきたのだ。

「きぃっきっきっきっきっきぃっ！　きぃきっきっきっきぃっ！」

すぐさま、視線を正面に移す。

白っぽいワンピースを着た、三〜四歳くらいの女の子が目の前に佇んでいた。

髪の毛は肩位まで伸びており、分厚そうなレンズの眼鏡を掛けているが、片方は割れているらしく罅《ひび》が入っている。

栄養状態が悪かったのか、骨と皮ばかりでガリガリに痩せている。

そして何よりも、明らかに異様な両腕に視線が釘付けになってしまった。

直径一センチ程度の小さい円形の火傷のような痕が、掌《てのひら》から二の腕までびっしりと広がっている。

「きぃっきっきっきっきっきぃっ！　きぃきっきっきっきっきぃっ！」

厭な嗤《わら》い声が、またしても耳に入ってきた。

それがきっかけとなったのかもしれない。

お陰様で、その場から無我夢中で走り去ることができたのである。

何処をどう走ったのかさっぱり分からないが、どうにかしてアパートの自室に辿り着き、布団の中で朝までガタガタと震えていたのであった。

そんな目に遭っても、福島さんは仕事後の散歩を欠かさず行っている。

嫌で嫌で仕方がなかったが、仕事のストレスを解消するには、これしかないと分かっているからである。

「でも、今でも見かけるんですよね、アレ……」

それ以来、家の中やちょっとした外出先など、場所を一切問わずに、あの痩せた女児の姿を目撃するようになってしまった。

妙な視線を感じて、その方向へ目を遣《や》ると、片方だけ罅《ひび》割れた分厚いレンズの眼鏡を掛けた、酷く痩せた女の子と目が合ってしまうのである。

「しかも、それだけじゃあないんですよ」

散歩の途中で、またしてもあの洗濯機とそっくりなものを見つけてしまったのだ。

例の畑からはいつの間にか消え去って安堵していたものの、今度はとっくの昔に廃業した床屋の真ん前にぽつんと置かれている。

「絶対に。ええ、絶対に。間違いようがないですよ」

様々な特徴から、あの洗濯機に間違いはないとのことである。

「オレ、こんなんで大丈夫なんですかね？」

そう訊ねられても、残念ながら私には何も答えることができなかった。

なめかん

室田さんは子供の頃、唇の疾患で悩んでいた。

「そう。当時はなめかん、て呼んでましたね」

なめかんとは正式名称を「舐め回し皮膚炎」といい、乾燥した皮膚を湿らそうと口の周りを舐め回すために起きる皮膚炎のことである。

とりわけ冬場を迎えると空気が異様に乾燥するので、無意識に口唇付近を舐め回しては乾燥を防いでいたのであろう。

そのせいで、彼の唇付近は真っ赤に腫れ上がり、四六時中痒《かゆ》みと痛みに悩まされていた。

町医者に診てもらって、処方された軟膏《なんこう》をせっせと塗っていたが、症状は一向に良くならない。

「それでも春になれば乾燥も治まって、すぐに良くなるだろう、なんて親に言われていたんですが……」

湿度の低い冬を過ぎて、春そしてじめじめと鬱陶しい梅雨時を迎えても、彼の口唇は真っ赤に腫れ上がっていた。

「何だか、もう困り果てちゃってね。小学校ではからかわれるし、何もしてあげられない焦燥からか親は神経質になってしまうし、ホント」

それでも、町医者には定期的に通って、効き目がある薬品を模索していた頃。

就寝中に掻き毟《むし》ってしまわないように、また口付近の湿気を保つ目的もあって、ガーゼ製のマスクをして寝ることにしていた。

間もなく梅雨も終わり、いつも通りの暑い夏を迎えようとしていた七月のある夜。

その日は朝から雨が降りしきり、いつの間にか庭に大量発生していた蝸牛《かたつむり》が大喜びの日であった。

夜を迎えても雨は止まずに、室田さんは時折激しくなる雨音を聞きながら、深い眠りに入っていた。

夜中の一時頃であろうか。

夕食前に飲んだ炭酸飲料のおかげか、膀胱《ぼうこう》がパンパンに膨れ上がる苦しさで目が覚めた。

面倒臭いが、仕方がない。

起き上がってトイレに行こうとして、瞼《まぶた》を開けた、そのとき。

〈……んっ？〉

自分の顔を覗き込んでいる誰かと、完全に目が合った。

一重瞼で糸のような目をした、禿頭《とくとう》の老人であった。

何処かで見たことがあるような気がするが、今はそれどころではない。

何しろ、目の前にある薄っぺらい唇がパカッと二つに割れると、その中から蛞蝓《なめくじ》のように赤黒い舌がヌッと飛び出してきたのだ。

それは妙に艶《なま》めかしい動きをしながら、室田さんの口唇付近に、そっと触れた。

かと思った途端、その動きは急激に激しさを増し、唇は勿論、その付近を隈なく舐め回し始めた。

勿論逃げ出そうと試みたが、身体に力が全く入らない。

しかも、寝る前に付けていたマスクは剥《は》がれたのか剥がされたのか不明だが、付けていないことだけは確かであった。

重厚かつ生暖かくぬるぬるとした蛞蝓のような舌は、まるで弄《もてあそ》ぶかのように緩慢かつ大胆な動きで、彼の口唇付近を丹念に舐め上げる。

そして散々貪《むさぼ》ったかと思うと、まるで満足したかのような笑みを浮かべながら、その場からふっと消え去ってしまった。

事が終わったおかげなのか、とにかく身体の自由を取り戻した室田さんは、ヌメヌメした唇を何かで拭《ふ》こうとしていたが、その動きは急に止まった。

「だって、部屋の灯は消えたままだったんですよね。あんな暗いところで、幾ら近くてもどうしてあんなにはっきり顔が見えたのか、今でも不思議で不思議でしょうがないんですよ」


もしかして、なめかんの原因は自分ではなく、あの老人に舐められたせいなのでは。

そう思ってはみたものの、この件を両親や町医者に言うのは、子供ながらに何処となく違うような気がしていた。

このようなことを言って信じてくれる大人が、一体どれほどいるというのか。

〈でも、あの顔。何処かで見たことがあるような……んっ……あっ！〉

何事かを思い出した彼は、ある部屋へと急ぐことにした。

あまり近寄ることはしなかったが、一階には仏間があって御先祖様が祀《まつ》られている。

その部屋の欄間に掛けられた遺影に視線を遣ると、やはり間違いない。

昨晩現れた老人は、自分が物心付く前に亡くなっていた祖父と同じ顔をしていた。

〈もしかして……〉

祖父もしくは御先祖様に対する祀る気持ちが足りなかったから、あのような形になって現れたのかもしれない。

室田さんは今までの無礼を心からお詫びしながら、線香を毎朝上げることにした。

そのおかげなのか、彼の皮膚炎は見違えるように良くなっていったのである。


「まあ、これで解決したと思いたいんですが……」

表情を曇らせながら、室田さんは言った。

「それでも年に何回かは……」

完治したはずの舐め回し皮膚炎が再発するというのだ。

しかも、あの出来事から四十年以上経過した今でも。

だが、あの一件以来、祖父の姿を目にしたことはない。就寝前には極力水分を摂らない、といった予防を徹底しているせいで夜中に起きることがなくなったからかもしれないが。

「よくよく考えたらね、あの顔は絶対に違うんですよ。アレは、線香を上げないからお灸を据えたなんて表情じゃないですね。あの表情は……」

欲望の赴くままに舐めているに過ぎない。そんな表情であったと、彼は言った。

エレベーター

看護師の大河内さんが新しく働き始めた病院は、そこそこの歴史があり建物自体も相当に古かった。

外観のみならず内装にまでかなりの罅割れが生じており、病院内で働いているのが不安になるほどである。

それほど評判の良い病院ではなかったためか、以前から噂になっていた新病院への移転話も立ち消えになったようであると、先輩達に聞かされていた。

外側から見ている分には大変味があって良い建物ではあったが、患者なり仕事なりで関わってくるとそうも言ってはいられない。

「エレベーターがね、とにかく凄いのよ」

何しろ、この病院に採用されたときに、先輩達に真っ先に忠告されるほどであった。

「そう。中から話し声がするのに誰も乗っていないときは、絶対にこれには乗らないほうがいいよ、なんて言う訳」

勿論、そのような与太話を信じるほど無垢《むく》ではない。

愛想笑いを浮かべながら、助かりますぅ、的な返事はしたものの、真剣に聞く気はこれっぽっちもなかった。

「病院が変わるたびにね、そういう類の話はよくあるのよ。けれど……」

今まで何かが起きた試しは一度もなかったため、今回もそう思っていた。


その日は、朝から気温が殆ど変わらない、夏の暑い盛りであった。

半月ぶりの夜勤だったこともあって、普段とは異なる業務で手一杯になっていたのかもしれない。

二階の備品室から荷物を取って、四階まで運ぶ仕事をしていたとき。

部屋を出てすぐのところにエレベーターがある。

上へ向かうボタンを押して待っていると、少し時間を置いてから、漸《ようや》く一階からエレベーターが上がってきた。

それとともに、大勢の人々の話し声も次第に近づいてくる。

〈えっ、こんな時間なのに？〉

訝しんでいると、喧《やかま》しいブザーが辺りに鳴り響き、エレベーターの扉が開いた。

「ええっ！　どうして誰も乗っていないの？」

先程聞こえていた大勢の話し声も、エレベーターの扉が開いた瞬間に消え去ってしまった。

〈えええっ！　先輩の話ってホントだったの？　どうしよう！　えっ、えええええ！〉

ほんの少しだけ乗るのを躊躇《ためら》ってはみたものの、こんな仕事は早く終わらせたい。

躊躇っている自分が馬鹿らしく思えた。

そして誰もいないエレベーターに急いで乗り込むと、すぐさま扉の右側にある〈4〉のボタンを押した。

扉が閉まるなり、またしてもブザーが鳴り響く。

ほっと一息吐きながら、扉の上部に設置してある階数表示器に視線を遣る。

エレベーターは三階、そして四階に止まるかと思ったら、そのまま何事もなく通過していくではないか。

慌てて右側に視線を遣ると、何故か屋上を意味するRのボタンが点灯している。

「ええっ！　何で？　押してないのにっ！」

そう言ってはみたものの、恐らく自分で間違って押してしまったんだろう。

まあ、屋上は老朽化で閉鎖されているので、行っても意味はない。

そう思って、屋上へと着く前に〈4〉のボタンを数回押した。

これで、今度は間違いなく四階へと向かうことができるはず。

そう思った瞬間、相変わらず喧しいブザーが鳴り響き、扉が開いた。

エレベーターの扉からさほど離れていないところに屋上へと向かう扉があって、そこには黄色と黒の進入禁止のテープが貼ってあるはず。

と思ったが、開け放たれたエレベーターの扉から見える景色は、自分の知っているそれとは明らかに異なっていた。

そこには何故か、場末の飲み屋街のような光景が広がっていたのだ。

しかもその殆どが朽ち果てており、夜にも拘らず灯が点《とも》っている店は一軒もなかった。

思わず、〝うっ、と声を出してしまう。

その瞬間、エレベーターの扉の周りから、大勢の顔が一気に覗き込んできた。

全身が総毛立ったそのとき、有り難いことにブザーが鳴り響き、扉がすっと閉まった。

たった今目にしたことが信じられずに、幾度となく目を瞬《しばた》いている内に、漸く四階へと辿り着くことができたのであった。


それ以来、大河内さんは先輩達から忠告されたことだけは、忠実に守ることにしている。

イマジナリーフレンド

葉子さんが奈々美さんと知り合ったのは、おおよそ一年程前になる。

近所のスポーツジムでしょっちゅう顔を合わせるうちに、自然と仲が良くなっていった。

年齢が一つしか違わないことも関係したのか、あっと間に意気投合し、いつしかジムの日以外でもごく普通に会うようになっていた。


奈々美さんは四十代のシングルマザーで、未来ちゃんという中学生の娘が一人いる。

未来ちゃんは幼い頃から頭の回転が速く頭脳明晰《めいせき》で、運動も大好きで活発な子であった。

しかし、当時彼女は学校で陰湿なイジメに遭っていたらしく、些細《ささい》なことで体調を崩すようになっていき、学校を休みがちであった。

『最近のコって凄く陰険なんじゃないのっ！　他愛のないことで仲間外れにしてっ！ホント信じられないっ！』

奈々実さんは怒り心頭らしく、相当語気を荒らげながら怒っていた。

理由はよく分からないが、クラス内で幅を利かせている女生徒を怒らせたとか何かといった理由で、未来ちゃんはクラスメイトのほぼ全員から爪弾《つまはじ》きにされていたのだ。

初めの内はどんなに辛くても気丈に振る舞い、母親に心配を掛けまいとして学校を休むこともなかった。

だが、ちょっと前まで普通に話をしていた友人が、昼休みになると机を合わせて一緒にお弁当を食べていた友達が、ある日を境にいきなりよそよそしい態度を取るようになっていく。

『私も一生懸命、頑張ったんだよ。娘に元の生活を取り戻してあげたくてね。でも、どうにもならなかったのよ』

やはり、こういった類の問題に親が関与しても、なかなか上手くはいかないものである。母親として何とかしてあげようと思って色々やってみたが、残念ながら効果はなかったのだ。

『ったく、最低だよっ、あのクソどもは！　大勢で寄って集《たか》って一人を虐めるなんてっ！やっちゃいけないことだろうがっ！』

奈々美さんらしからぬ言葉遣いに、葉子さんも少々驚いてはみたものの、考えてみればそうなるのも仕方がないであろう。

可愛い一人娘が学校でこのような目に遭っていたら、怒り心頭に発するのも当たり前だと思う。

初めのうちは気丈に振る舞っていた未来ちゃんも、度重なるイジメにより徐々に心が折れていった。

やがて、身体の不調を訴え始めて、一日中家に閉じこもるようになってしまった。

「ある日ね、奈々美が泣きながら電話を掛けてきたことがあったんですよ。私も慌てちゃって、強い口調で何があったのか訊いてみたら……」

あまりにもお風呂が長すぎるのを心配して浴室を開けてみると、未来ちゃんが浴槽でぐったりとしていた。

左手首に幾重もの自傷を繰り返したらしく、床には大量の血液が流れていたのである。

「勿論、命に関わるような傷ではなかったんですが……」

未来ちゃんから、笑顔はすっかりと消え失せてしまった。

「それでもやっぱり、心を支える人が必要だったからだと思うけど。ある日突然ね、お友達ができたらしいの」

友達といっても、空想上の存在、所謂《いわゆる》イマジナリーフレンドである。

その友達の名前が、チエコというらしい。

「でもね、少しだけいい方向に動いたみたいなんですけどね。チエコちゃんができてから。今まで殆ど言葉も話さないようになっていたのに、彼女相手に色々とおしゃべりするようになったらしいから」

でもね、と言いながら、眉間に皺《しわ》を寄せつつ葉子さんは話を続ける。

「どうやらね、奈々美的にはチエコの存在が許せないみたいなの。物凄く厭な口調で、チエコって名前を言うのよね、彼女」

勿論、中学生になってまでイマジナリーフレンドに頼るのもどうかとは思うが、状況が状況だけに、致し方ないという考え方もある。

この辛い時期を空想上の友達で乗り切ることができれば、今とは違った方向の未来を垣間見ることができるのではないだろうか。

だが、奈々美さんの考えは違っていた。

『ホント、あの娘は。そんな名前の友達なんて何処にもいやしないのに。ホント、意味分かんない』

どうやら、娘の状況など二の次だとばかりに、イマジナリーフレンドのチエコを徹底的に否定するのである。

そして、まるで親でも殺されたかのように、娘の拠り所を攻撃していた。

「もう、ね。ホント、凄いのよ」

様子を見にいった奈々美さんの家では、最早折檻《せっかん》と言わざるを得ないような躾《しつけ》と称する家庭内暴力が堂々と行われていた。

「実の娘に手拭《ぬぐ》いで猿轡《さるぐつわ》をかまして、ね」

『いないっ！　いないっ！　いないっ！　いないっ！　何処にもいないいっ！　そんなクソみたいな名前の存在は何処にもいないいっっっっっっっ！　いないいっっっっっっっっ！』

奈々美さんの異常なまでの剣幕に、葉子さんもさすがに引いてしまい、そそくさとその場を離れると、すぐに警察へと通報した。

「……ええ、御想像の通りですね。警察の皆様は相当お忙しいらしく、全く相手にしてもらえなかったですよ」

それでも未来ちゃんのことが心配で心配で仕方がなかったので、行きたくはなかったが、積極的に奈々美さんの家を訪問することにした。

あのような場面を目撃されたにも拘らず、彼女は嬉々として葉子さんを迎えた。

案の定、ブルーのパジャマ姿の未来ちゃんは重い足取りで挨拶には出てきたものの、顔面は硬直してまるで能面のようになっており、顔や手足には殴られたり引っ掻かれたらしい傷痕が大量に付いていた。そしてその殆どが、紫色や黄色に醜く変色していた。

「どう、未来ちゃん、少しは落ち着いた？　あ、そうそう。お友達のチエコちゃんは一緒なの？」

俯《うつむ》く彼女にそう訊ねると、少し時間を置いてから、無表情のままこくりと頷《うなず》く。

「そう、そうなの。ところで奈々……」

言い掛けながら奈々美さんのほうを振り向いた途端、冷たいものが一瞬の内に全身を貫いた。

そこには鬼のような形相の奈々美さんが仁王立ちしていた。そしてその背後には、まるでぴったりと貼り付くように、不気味な笑みを浮かべた見たこともない女の子が佇んでいたのだ。

やや長めの髪の毛を後ろで一つに束ねた、学校指定と思しき赤っぽいジャージを着た少女であった。

血の気の通っていない肌はガサガサに荒れ果てて粉を吹き、まるで枯れ果てた樹皮を思わせる。

焦点の合っていない眼は光を失い、解体された鮪《まぐろ》の目玉のようであった。

やけに薄い唇は紫色で、温もりは一切感じられない。

魅入られたように見つめ続ける葉子さんの前で、その少女の口が醜く歪《ゆが》んだ。

かつて歯があったと思われる部分には血塗《ちまみ》れの痕跡だけが残されており、その口腔から発せられたと思われる腐肉の臭いが容赦なく襲い掛かってくる。

余りの悪臭に思わず顔を背けた瞬間、未来ちゃんが少女のほうを向きながら、こくりと大きく頷いた。

すると未来ちゃんはパジャマの後ろポケットに隠し持っていた錐《きり》のような物体を素早く取り出すと、自分の喉に向かって突き立てようとした。

彼女の手が動くか動かないかのところで、葉子さんは素早く未来ちゃんを突き飛ばすと、彼女が握り締めていた凶器をむんずと掴み上げた。

「つっっケケケケケケケケッッッッッッッ」

突如、信じられないような甲高い声が辺りに響き渡った。

奈々美さんの後ろに貼り付いている少女の、けたたましい嗤い声である。

そんな得体の知れない少女が目の前にいるのにも拘らず、相も変わらず鬼の形相の奈々美さんが、視殺せんとばかりに葉子さんを睨み付けていた。

今度ばかりは身の危険を感じて、凶器を握り締めたまま、葉子さんは急いでその場から逃げ去った。

「……もう、怖くて恐くて。それから奈々美とは距離を置いていたんだけど」

あの日からおおよそ十日後の夜。

久しぶりに、奈々美さんから電話が掛かってきた。

恐る恐る出た電話口では、いきなり奇声のような絶叫が聞こえてきた。

そして意味不明なことを散々喚き散らして、一方的に通話は切られてしまった。

それを最後に、奈々美さんとは一切連絡が取れていない。

噂によると、その日のうちに失踪してしまったとのことである。


「ええ、未来ちゃんは大分良くなったみたいですよ」

たまに街中で見かけることがあるが、表情も明るくなってきて、以前の状態に戻りつつあると思われる。

別れた旦那さんとその御両親が一生懸命フォローしているらしく、このままいけば必ず笑顔を取り戻してくれると信じている、と葉子さんは言った。

「この間会ったときにね、色々と訊いてみたの。すっごく元気そうだったから」

未来ちゃんの精神状態はかなり良くなったのか、当時の記憶を色々と語ってくれた。

しかし、イマジナリーフレンドのことになると、少々口が重くなった。

『……実は……これはあまり話したくないんですけど』

そう言いながら、未来ちゃんは話し続けた。

『お母さんが言い出したんです。私の後ろを指差しながら、チエコ、って名前を。それから、私にもチエコが見えるようになったんです』

奈々美さんの行方は未だに不明である。

釣行夜話　雑魚釣り編

杉村さんは休日になると早起きし、近くの沼まで自転車を走らせる。

目的は、ただ一つ。

小さな沼に生息している、モロコやカワムツ等の雑魚を釣るためである。

季節は初夏。徐々に勢いを増していく日差しに、身体がじんわりと汗ばんでいく。

昨日とは異なり今朝は無風だったので、余計に暑さを感じてしまう。

大きめの鍔《つば》の付いた麦藁帽子を目深に被って、照りつける日差しを少しでも凌ごうとしたが、その行為にほぼ意味がないことも重々理解していた。

折り畳み式の椅子に腰掛けて、二メートルほどしかない釣り竿を湖面に垂らしている。

「今日も暑くなるなァ、こりゃ」

誰もいない沼で独りごちながら、ピクリともしない棒浮子《うき》を眺めていると、鏡のような水面にいきなりさざ波が起き始めた。

「ん？　何だっ？」

先ほどから無風状態が続いているし、沼の周りに茂っている木々の枝葉も沈黙したままである。

何か巨大な生き物でも泳いでいるのかと思って、慌てて水面を悉《つぶさ》に見てみる。

しかしながら、アオコと呼ばれる植物性プランクトンが多いためか、沼の水が濃い緑色のため全く分からない。

そのとき、である。

まるで水面の全面からフラッシュが焚《た》かれたかのように、ほんの一瞬、眩《まぶ》しく光った。

「うぅっ！」

思わず呻き声を上げ、目頭を強く押さえたまま後ろにひっくり返ってしまった。

ふかふかの雑草のおかげで後頭部はそれほど痛くなかったが、あまりにも苦しくて両足をバタバタさせながら悶絶している。

そんな状態が続いて、おおよそ数分程度経過した辺り。

漸く目の痛みが和らいできたので恐る恐る目を開ける。

多少ダメージが残ってはいたが、次第に辺りの景色が見えるようになってきた。

「そうだ。水面が。水面が」

突然光を放つことなんてあるのか。

一体何事が起きたのか、と慌てて視線を遣ると、その瞬間、思わず息が止まった。

深緑色の水面一杯に、夥《おびただ》しい数の眼らしきものが覗いていた。

全てソフトボール程度の大きさで、強いて例えるならば、蛇などの有鱗《ゆうりん》目のそれにすこぶる似ている。

「うわっ！」

杉村さんは泡を食って釣り竿の竿尻をむんずと掴み上げると、慌てて自転車に飛び乗って、自宅へと逃げ帰った。

大量の水を飲み干して人心地付いた所で、大事な釣り道具が無事かどうか慌てて確認してみる。

しかし残念ながら、無事では済まなかった。

一体どういった訳か、カーボン製の釣り竿は真ん中辺りで鋭利な刃物にでもすっぱりと切られたかのように、物の見事に半分になっていた。

その断面は物凄く滑らかで、特殊な器具でもなければこのような断面で切断することは不可能である。

「……今まであんなことは一度もなかったんだがなァ」

そう言って、彼は盛んに小首を傾《かし》げた。

釣行夜話　渓流釣り編

大分前、桑田さんが渓流釣りに行ったときの話。

鮎《あゆ》や鱒《ます》類などの渓流釣りには一般的に禁漁期間が設けられている。稚魚の放流並びに資源保護をしている各漁業協同組合によって決められているため、時期はまちまちではあるが、おおよそ十月から翌年の二月迄。

桑田さんの住んでいる東北地方の雪深い場所ともなると、四月解禁の所も多々ある。

そんな禁漁期間の約半年間を指折りながら過ごして、四月一日の解禁日を迎えた。

有給休暇を申請していたので、準備は万端であった。

早朝、彼は昂《たか》ぶる気持ちを抑えつつ釣り場へと到着したが、何故か人の姿が見当たらない。

これではまるで貸し切り状態ではないか。

このようなことは二十年以上この場所に通って、初めての経験であった。

ひょっとして日にちを間違えたのかと思って何度も確認したが、絶対に間違いはない。

「まあ、でも。長い人生、こんなこともあるんだな、と……」

不思議に思いながらも、そそくさと釣りを始めた。

しかし、釣れない。驚くほどに、釣れない。

以前は餌釣り専門であったが、ルアー釣りを覚えてからは、専《もっぱ》らこればかりである。

一般的に、ルアー釣りは餌釣りよりも難しいといわれている。それでも、放流されたばかりの魚達はほぼ入れ食い状態になるはずなのだが、川面は静まりかえっている。

如何《いか》にも、といった絶好のポイントに、艶めかしい動きをする小魚の形を模したミノーと呼ばれるルアーを泳がせても、何の反応もない。

桑田さんは、思わず首を傾げる。

おかしい。絶対に、おかしい。

漁協の情報によれば、ここいら一帯には岩魚《いわな》だけで百五十キロは放流されているはず。

だが、岩魚どころか他の生き物の姿も全く見えない。

盛んに小首を傾げながら、已《や》むなく上流へと向かう。

低温を好む岩魚がこの辺りの水温を嫌って、より上流へと向かったのではないかと考えたからである。

川を遡行《そこう》してから、おおよそ三十分程度も経った頃であろうか。

漸く、先のほうに二人組と思しき人影を見つけることができた。

遠くて良くは分からないが、どうやら川の中ほどまで立ち入って、釣りをしているようであった。

「どうもー。おはようございます！」

挨拶しながら彼らへ向かって近づいていくが、人影はこちらを気にすることもなく、微動だにもしない。

逆光で見え辛いが、より一層近寄っていくことにした。

あとちょっと。もうすぐ。彼らの姿がはっきりと見える辺りまで近づいた途端、驚愕の余り腰を抜かしそうになった。

釣り人かと思った人達、それは何処からどう見てもマネキンであった。

良くは知らないが、恐らく流行《はや》りの夏服らしき白っぽい薄着を着飾った、女性のマネキンが二体、渓流のど真ん中でポージングしている。

しかも、それだけではなかった。

その露出した肌の部分には、達筆で「死ネ」とか「腐レ」などという物騒な文字が、全身隈なくびっしりと書かれている。

〈うわ、おっかねぇ。冗談じゃない〉

こんなものを見てしまって、最早釣りどころではなくなってしまった。どうにも、最初から不可解なことが起きていたので、怖くて怖くて仕方がなかったのかもしれない。

できる限り急いで川を下って暫《しばら》くすると、何やら人の声がする。

先程釣りを開始したポイントは、いつの間にか大勢の釣り人達で賑わっていたのだ。

〈何だよ。人で一杯じゃねぇか。驚かせやがって〉

高鳴る鼓動を落ち着かせようと、釣りに興ずる人々に軽く会釈しながら歩いていく。

上流から下ってくる自分がそんなに珍しいのであろうか。物珍しそうに凝視する釣り人の視線がやけに煩《わずら》わしかった。

そんな人々から逃れるように大分下ったからなのか、平坦な川原に腰を下ろして一休みしていると、背後から不意に話しかけられた。

「何処かで見た人だなんて思ったら。やっぱり桑田さんじゃないですか！」

振り向いて視線を遣ると、見覚えのある顔の青年が立っている。

それは、しょっちゅう通っている釣具店の若い店員であった。

「ああ、アンタか。アンタも好きなんだね、トラウトが」

それはそうですよ、とばかりに何度も頷くが、すぐに誰かを探しているかのように視線をあちこちへと向けている。

理由を訊ねると、意味の分からないことを言い始めた。

「アレレ、桑田さん。さっきまで一緒にいた綺麗な人は？」

「……はい？」

「いや、だから。桑田さんの後ろを付いてきた綺麗な方ですよ。いやいやいや、隅に置けませんね。あ、奥様でしたら申し訳ないですけど」

「……ちょっと。詳しく教えてくれないかなァ」

話を聞くと、川を下っていく彼の後ろに、赤いワンピース姿の髪の長い女性が、まるで背中に寄り添うようにぴったりと付いてきたという。

その後、徹底的に店員を詰問したが、彼は赤いワンピース姿の女性は絶対にいた、と頑《かたく》なに言い張ったとのことである。

「しかもあの野郎。おかしなことまで言い始めて、よ」

釣具屋の店員が言うには、今日の解禁日を待ち望んでいた彼は、仲間達と一緒に昨晩の夜中からこの辺りで待っており、朝六時の解禁時間から真っ先に釣りをしていたという。にも拘らず、その時間に桑田さんの姿は一切見かけなかったそうである。

さらに、店員の仲間で上流に向かった釣り人は数人いたが、皆マネキンの姿なぞ何処にも見ていないと断言した。

「絶対におかしいよな、うん。いやね。そもそも……」

あんな急流なのだから、マネキンの足下をがっちりと固定でもしない限り、あのように立ち尽くしていることが既におかしい、と桑田さんは言った。

「しかも、だよ」

納得がいかないようで、語気を荒らげながら彼は続ける。

「もしよ、もしもだよっ。あの白い服着たマネキンが化け物で俺に付いてきたってんなら、女も白い服を着てるはずだろ。何で赤いワンピースなんだよっ！」

釣行夜話　波止《はと》釣り編

黒崎さんはもうすぐ小学生になる息子の翔太君を釣れて、東京湾のとある場所へと釣りに出掛けた。

八月とはいえ早朝だったので、釣り場に到着しても辺りはまだ暗いままであった。

黒崎さんは小さい頃から釣り三昧の生活をしていたので、こうして息子と一緒に釣りに出掛けられること自体が夢のようであった。

到着した時間が早かったせいか、辺りに釣り人の姿はまだない。

こぢんまりとした港から大海原へと長く伸びた波止の突端を陣取ると、二人は仕掛けの準備を始めた。

今の季節だったら、軽い錘《おもり》を使った投げ釣りで、良い型の白鱚《しろぎす》が釣れるはずである。

さらには小さい白鱚を餌にすれば、真鯒《まごち》や鮃《ひらめ》が釣れるかもしれない。

いずれにせよ、息子には初めての釣りを存分に楽しんでもらいたい。

その一心で、自分の釣りはそっちのけで翔太君に様々なことを教えていた。

自分の装備を邪魔そうにしている翔太君に対して、ライフジャケットの重要性を説いていると、突然妙な音が何処からともなく聞こえてきた。

黒崎さんは話すのを止めて、そっと耳を澄ました。

ぱきっ……ぱきっ……ぱきっ……。

山道で小枝か何かを踏みしめるような音が、確かに耳へと入ってくる。

「……何か、聞こえる？」

側にいる息子に訊ねると、彼は少しばかり震えながらこくりと頷いた。

しかし、その音は次第に小さくなっていき、いつの間にか消えてしまった。

「何だったんだろうね」

そう言いながら、黒崎さんは息子と一緒に釣りを始めた。

釣り始めてから三十分程度経った辺りだろうか。

餌取りらしき微少なアタリは竿先で何度か確認できたが、いずれも釣り上げるまではいかなかった。

それでもめげずに、息子の餌をしょっちゅう確認しながら釣りをしていた、そのとき。

「……くッ、くッ、くッ、くッ、くッ！」

唐突に、側の翔太君が笑い始めた。

初めの内は思い出し笑いか何かかと思って、一緒になって笑っていた。

だが、その笑いは次第に激しさを増していき、やがて尋常ではないものへと変貌を遂げた。

「おいっ！　どうした？」

ひょっとして具合でも悪いのであろうか。

そう思って、もう帰ろうかと優しく問うと、予想外の答えが返ってきた。

「うっるせェよ、キヨスケっ！　少しダマってろよっっっっっっっっ！」

かなり聞き取り難かったが、そのような意味のことを息子が口にしたのは間違いない。

今までそのような口の悪いことを言ったことがない息子が、一体何故このようなときに。

しかも、キヨスケって一体誰のことなのか。断じて自分の名前ではないし、息子の友達にもそのような名前の子供はいないはず。

驚愕の余り、暫し呆然としていると、今度は異様な行動を取り始めた。

「イヨオオオオオ！　イヨオオオオオオ！　ヤヨオオオオオ！」

実の息子のものとは到底思えない、まるで年老いた女性のような嗄《しゃが》れた声で叫び始めた。

おかしい。絶対に、何かがおかしい。

パニックでどうにかなりそうであったが、目の前には息子がいる。

いつの間にか総毛立った全身を気にする素振りも見せずに平静を装い、親らしく毅然《きぜん》とした態度を取ることを第一に考えた。

「さあ、翔太。帰るぞ」

強い口調でそう言うと、せっせと帰り支度を始めた。

そして、未だに意味不明な言語を喚き続ける息子を連れて、家路へと就いた。

帰宅して母親の顔を見るなり、翔太君はきょとんとした表情でこう言った。

「アレっ、釣りに行ったと思ったのに。どうして家にいるの?」

至極残念そうな表情をしながら、今にも泣きそうな声を喉の奥から絞り出した。


あの日、一体何が起きたのかはさっぱり分からないが、これだけは間違いがない。

翌日から、家の中で不可解なモノを目撃するようになったのである。

一番最初に気が付いたのは、黒崎さんの奥さんであった。

夕食の準備をしているとき、いきなり悲鳴を上げたかと思うと、へなへなと床に座り込んでいた。

慌てて話を聞いたところ、震える声でこう言った。

「お、お婆さんが……全身びしょ濡れのお婆さんがそこに正座していたの」

そう言ってゴミ箱の辺りを指差し続けている。

勿論そこには誰もいなかったが、辺りが妙に磯臭いことだけは確かであった。

黒崎さんは念のため、ゴミ箱の蓋を開けた。

その途端、信じられないものが目に入ってきた。

それは、大量の腐った海藻と、これまた夥しい数の生きた船虫の蠢《うごめ》く姿であった。

こんな馬鹿なことがあるものか。

そう思って息子のほうへ視線を遣ると、彼はけたたましい声を上げながら、口角の端を目一杯吊り上げつつ、奇妙な笑い声を上げていた。

黒崎さんの意識は、一気に遠くなっていった。


それから数日経っても、黒崎家の異変は終わることがなかった。

彼の奥さんは体調を崩してしまい、嫌がる彼女をどうにか説き伏せて、近くの病院に無理矢理入院させて休ませていた。

ところが、実際は彼女よりも、黒崎さん自身の精神状態のほうが危険な所まで堕《お》ちていたのである。

相も変わらず姿を現す全身びしょ濡れの婆さんに加えて、腐った海藻や死んだ海月《くらげ》や海星《ひとで》、そして妙に活きの良い船虫がゴミ箱の中から湧き出てくる。

息子の具合も悪化の一途を辿り、誰かも分からないキヨスケなる人物に対して呪詛《じゅそ》を吐きまくり、そして異様な叫び声や奇声を上げ続ける。

まだ小学校に上がる前の子供が、この有様なのである。


黒崎さんなりに、できることは全て行ったといえる。

息子を幾つかの病院へ連れていって診察を受けさせたが、皆一様に様子を見ましょうと言うばかりで、治療らしきものは一切施されなかった。

次に幼稚園の先生に相談もしてみたが、有効な方策は得られなかった。

万策尽き果てたところで、友人を通して紹介してもらった霊能者と名乗る人物と知り合った。

その霊能者は大金を要求して、何度か祈祷《きとう》らしきものを行った。

また、ＳＮＳを通じて知った新興宗教の関係者にも同様に、助けを求めた。

だが、全ては無駄骨で終わったとしか言いようがない。

自分や家族の運気がどうしたとか、先祖の供養がどうしたとか、信仰心が足りないとか何とか。

そして家族のために蓄えていた貯金が底を尽き、キャッシングの類も限度額一杯まで借りてしまった辺りで、金が尽きたことを嗅ぎ付けたのか、そういった類の連中は一気に彼の元から姿を消したのである。

この時点で、限界を超えてしまったのかもしれない。


その日、まだ暗い内から黒崎さんは息子を連れて、例の波止へと向かった。

そして前回同様に突端の辺りに陣取ると、二人で手を繋ぎながら水面へと目を遣った。

前回と違うところは、今日の海は相当機嫌が悪いらしく、非常に大きな波が時折押し寄せてきている。

後、二人ともライフジャケットは着ておらず、釣りの準備もしていなかった。

「……なァ、翔太。もう、いいよなァ？」

側にいる息子に訊ねると、何時になく甲高い奇声を散々上げた後で急に真顔になったかと思うと、コクりと頷いた。

「……そうか。そうだよな。もう、十分だよな」

そう呟きながら息子の手をぎゅっと握り締める。

そして虚ろな眼差しで荒れ狂う海面を見つめていると、いきなり誰かに背中を叩かれた。

慌てて振り向くと、見たことのない頭髪の薄い中年の男性が、妙ににこやかに笑いながら、いつの間にか二人の真後ろに立っていた。

かなり痩せ型の体型で、くたびれた灰色のスーツを身に纏《まと》った、背の低い男性であった。

「ああ、すみませんね。ちょっとばかりね。気になったもので。ああ、もう大丈夫ですから」

意味の分からないことをその場で呟くと、彼はそのまま去っていった。

そのときである。

「お父さん！」

側から、声が聞こえてきた。随分と長い間聞くことすらできずにほぼ忘れかけていた、それはそれは朗らかな声であった。

「……ええ。綺麗さっぱり、とはこのことですよ。あの人と会ってから……」

家の中で異様なものを見ることはなくなったし、当然猛烈な磯臭さも嘘のように消え去ってしまった。

「何とかして、お礼を言いたいんですが……」

そう言いながら、彼は口を噤《つぐ》んだ。

そして、暫しの間を置いて、こう絞り出した。

「あの人には、もう二度と会えないような気がするんですよね。何故か」

釣行夜話　湖沼釣り編

現場の仕事が急にキャンセルになってしまい、原口さんは悩んでいた。

こういった急の休みの場合はいつも趣味の釣りに行くことにしていたが、今回ばかりは時間が問題であった。

時刻は朝の八時を少し回っており、これから海まで釣りに行くことも考えたが、時間的に少々厳しい。

となると、久しぶりに淡水の釣りに行くしかない。

そう思い立つと、早速押し入れの奥をガサガサと物色し始めた。

そしてもう十年以上も使っていない淡水用の釣り竿と仕掛け、練り餌と呼ばれる水で練って使用する粉末の餌を探し当てた。

久しぶりの対象魚を決めない釣り、所謂五目釣りへと出掛けることにした。

行き先は家から車で三十分程度離れた、小規模な湖である。

この場所はへら鮒《ぶな》で有名ではあったが、真鮒や鯉《こい》の魚影もすこぶる濃かった。

木陰の下に広がっている砂利道にロープで分けられただけの駐車場に車を駐《と》めると、釣り場へと向かっていった。

湖へと向かうと、入り口のすぐ側に売店らしきものがある。

木造の掘っ立て小屋のような建物は今にも崩壊しそうであったが、恐る恐る中に入ると親父さんの嗄れ声が聞こえてきた。

「いらっしゃい」

軽く会釈しながら店内を眺めると、「ボートあり□」と達筆で書かれた張り紙が壁に貼ってある。

値段を聞くと驚くほど安かったので、折角だからと半日借りることにした。

勿論手漕ぎボートであったが、海のように波もないし危険も少ないと思われた。

久しぶりに、楽な釣りでも楽しむかな。

そんな軽い気持ちで湖面へと漕ぎ出した。

天気は快晴で、時折吹いてくる微風はとても心地良かった。

一人だけだったのでオールも漕ぎやすく、非常に快適である。

ある程度移動したところで、ボートを固定するためのアンカーを止めて、たっぷりと緩い釣りを楽しむことにした。

海釣りの場合はいつも真剣にやっていたので、もしかしたらあまり楽しんではいなかったのかもしれない。

そんなことを考えながら、湖面の浮子を眺めて釣りをしていると、あっという間に時間が過ぎ去っていく。

鮒や鯉などの魚達に十分に遊んでもらって、気分は上々である。

さて、そろそろ戻るか。

釣り道具を片付けた後で、軽く身体を伸ばしながらアンカーを回収しようとして引いてみたところ、ピクリとも動かない。

何かに引っ掛かったと思い、ボートを小刻みに移動させながら何回も引っ張り直してみるが、アンカーはがっちりと嵌まり込んだようで微動だにしない。

さて、どうしたものかと腕組みをして思案する。

しかし、ボート屋の親父に連絡する手段がない以上、ここはロープを切るしかない。

これぱかりは仕方がない。多少弁償させられるだろうが、大した金額でもあるまい。

そう判断して、小型ナイフをバッグから取り出した。

湖に残さなければならないゴミの類は極力少ないほうがいいという観点から、水中のロープをできる限り引っ張ってみる。

そして伸びきったところ、可能な限りアンカー側のロープにナイフを当てた。

案の定なかなか切れなかったが、漸く切断に漕ぎ着けそうだと思った、そのとき。

突如水中から現れた何かが、ナイフを持った彼の右手首をいきなり掴んだ。

「ひっ！」

酷く驚き、思わず悲鳴を上げる。

そして自分の手を掴んでいるものに素早く視線を動かしたとき、心臓が止まりそうになった。

水中から飛び出してきたもの、それは何処からどう見ても、人間の手であった。

その腕は妙に青白く、小さい巻き貝や蛭《ひる》が夥しく付着している。

しかも、がっちりと自分の腕を掴んでいる掌は赤黒い瘡蓋《かさぶた》だらけで、その全体が荒れ果てて酷い有様であった。

原口さんは何も考えないようにすると、ただ無心になってその指を一本一本引き離し、思いっきり自分の腕を引き上げた。

その瞬間、薄気味悪い青白い腕は、まるで釣り損ねた魚のように、一気に水中へと引っ込んでしまった。

頭の中が真っ白になって、上手く物事が考えられない。

いつの間にか毛穴から吹き出した嫌な汗が、背中をぐっしょりと濡らし尽くしたのか、下着へと向かって滝のように流れ落ちていく。

そして、視線をあちこちに遣って無事逃れたことを確認すると、思いっきり息を吸って、吐いた。

深い深呼吸を数回したあとで、彼は目の前にあるアンカーロープをナイフで切断した。

そしておもむろにオールを握ったかと思うと、岸に向かって物凄い勢いで漕ぎ始めたのだ。

オールの動きが激しすぎて、艘内《そうない》には大量の水飛沫が入ってくる。

ところが、その勢いとは裏腹に、船の進みが悪すぎる。

体感では数分漕いだはずなのに、周りの景色からボートの位置を知る「山立て」といわれる手法で確認してみても、ボートは殆ど進んでいない。

精一杯漕ぎ始めてからある程度の時間が経過したにも拘らず、ボートの位置が変わっていないのだ。

それでも、一刻も早くこの湖から逃げ去りたい。その思いだけで、必死の形相でオールを漕ぎ続ける。

風はほぼ無風状態の上、波がある訳でもない。

それにも拘らず、どうして進まないのか。

そのときである。

後から来た二人乗りのボートが並んだかと思うと、彼のボートをあっという間に抜き去っていった。

しかも、乗っている若い男が二人、これでもかとばかりに両目を見開いて、原口さんの漕ぐボートを凝視していた。

「……しょうがないだろ、進まないんだから」

そう独りごちると、それでもめげずに漕ぎ続ける。

両の掌は痛みで熱を持っている。最低でも豆ができているし、もっと悪ければ掌の皮が捲《めく》れ上がっているに違いない。

それから数分程経過したであろうか。

少しずつではあるが、ボートも漸く動き始めたらしく、景色が徐々に変わっていることに気が付いた。

そのとき。

耳の後ろがやけにくすぐったい。

まるで何かが少しだけ触れたかと思うとすぐに離れるような、そのような感覚である。

慌てて後ろを振り返るが、そこには何もない。

恐らく、虫か何かであろう。そう、絶対に、虫に違いない。そう思うことにして、岸に向かって一生懸命漕ぎ続けた。

「アンタ、ダメだよ、アンタ！」

岸に着いた途端、待ち構えていたボート屋の親父に怒鳴られた。

即座に切り離してしまったアンカーロープのことだと思って、平身低頭謝った。

「……申し訳ない。アンカーがどうしても外れなかったもんで。勿論、ロープとアンカー代は弁償……」

「いやいやいや。何言ってんだよ、アンタ。ダメだよ。ボートは二人までしか乗れないんだから、守ってくれないと。あんな、四人も五人も乗せちゃって。冗談じゃないよ！」

原口さんはズボンの尻ポケットから財布を取り出そうとした格好のまま、暫くの間呆然としていた。

どうやら、例のボートに乗っていた二人組が、ボート屋の親父に報告したらしい。

明らかに定員オーバーで貸しボートに乗っている奴がいる、と。

面食らった親父が湖に視線を遣ったところ、確かに定員オーバーのボートを確認した。

勿論、原口さんのことである。

必死の形相でオールを漕いでいる彼の後部に、見窄《みすぼ》らしい格好のまだ小さい女の子が四、五人、寄り添うように立っていたというのだ。

「あんなところには二度と行かないよ。幾ら釣りに飢えていても、あそこだけは御免だね」

原口さんは心から懲り懲りしたような表情を隠すこともなく、何度も頷きながらそう言った。

それもそのはず。

あんな出来事があって這々《ほうほう》の体《てい》で帰宅した後、すぐに風呂に入ろうとしたときのこと。

洗面所の鏡に映る自分の姿が目に入った途端、ギョッとして暫くの間動けなかった。

何故なら大量の長い髪の毛が、後頭部と首の周りにびっしりと巻き付いていたのだ。

更に全身を隈なく確認したところ、小さな手形を思わせる痣《あざ》が彼の背中に幾つも残されていたという。

釣行夜話　外伝　地《じ》蜘《ぐ》蛛《も》釣り編

熊田さんが小学校に入学する前の話であるから、今から相当昔のことになる。

熊田家は先祖代々受け継がれた大規模な農地を所有していた。

実家も大層立派なお屋敷で、付近の山や土地はその殆どが熊田家所有のものであった。

そういった事情があったのかもしれないが、一人息子の熊田さんは幼少時に同年代の遊び相手がいなかった。

生まれたばかりの妹はいたが、さすがに一緒に遊ぶほどの歳ではない。

時折親戚の若干年上の従兄弟達が遊びに来てくれたが、遊び盛りの子供にとっては到底足りるものではなかった。

そのせいか、彼はいつしか一人で遊ぶことを覚えて、むしろ他の人達と一緒に過ごすことが苦手になってしまった。

当時祖父は齢九十を超えようとしていたが、孫である熊田さんを、それはそれは目の中に入れても痛くないほど可愛がった。

そして一人で遊んでいる孫を不憫《ふびん》に思い、自然と一緒になって過ごす色々な方法を教えてくれたのである。

その中でも熊田さんが夢中になったのは、地蜘蛛釣りであった。

「ほら、アイツらはな。こういう所さいっぺいるんだ」

アイツというのは地蜘蛛のことで、そのメスは体長二センチにもなる、やや大型の蜘蛛である。

古い農機具がぎっしりと入っている蔵や何かの基礎部分に、地蜘蛛の巣はたくさんあった。

地面から基礎部分に向かって、長い紐を思わせるトンネルのような巣が張られている。

しかし、焦《あせ》ってその巣を取ろうとしても、地蜘蛛は地中に潜り込んでしまって、まんまと逃げられてしまう。

「んだがらな、こうやって巣の上《うわ》っ側《かわ》を軽く叩いでやるんだ。そうすっと……」

獲物が巣に掛かったと錯覚した地蜘蛛が、震動する所まで、のこのことやってくる。

そこで初めて、巣の下方を指で押さえ付けて退路を断ってから、ゆっくりと巣を取って中に住んでいる地蜘蛛を捕獲するのである。

この方法を釣りと呼ぶには語弊があるが、実際そう呼んでいるのであるから仕方がない。

「んだべ。これなら簡単だべ」

今まで何度も失敗してきたのに、祖父のやり方ならば簡単に捕まえることができた。

捕まえた蜘蛛を棒でつついている孫を見て、祖父は優しい口調でこう諭す。

「こいづらはな、あんまし虐めると腹切りすっからな。気ぃ付けねえと、な」

この蜘蛛は別名、腹切り蜘蛛もしくは侍蜘蛛という。逆さにして虐めすぎると、大きく鋭い大顎を振り回して、自分の腹部を切り裂いて死んでしまう、と一般的に言われている。

祖父にそう言われても、熊田さんは好奇心旺盛な子供であった。そこまで言われたら、どうしても見てみたい。

その一心で、数え切れない程の地蜘蛛を捕獲しては、虐めに虐め抜いた。

しかし、地蜘蛛が自分の腹部を大顎で切り裂いたことは一度もなかったのである。

祖父伝来の捕獲方法を完全に手の内に入れたのか、彼の地蜘蛛釣りはより一層熱心になっていった。

次から次へと虫籠に入れて、中身は大量の地蜘蛛で一杯になっていた。

ここまで捕獲したのは初めてであったが、それには理由がある。

それは、畑の前で拾った、丸っこいフォルムのミニカッターであった。

落として間もないらしく、物凄く綺麗な状態で、刃に一片の錆《さび》も浮いていなかった。

このカッターを使って、何かしてみたい。

そう思った彼は、暫しの間考えると、やがて素晴らしいアイディアを得たのである。

このカッターで地蜘蛛のパンパンに膨れた腹を切ったら面白いかも。

こういった考えに辿り着くと、次から次へと考えが膨らんでいった。

そう、この蜘蛛達は皆、病気だから。自分がその部分を切って、助けてあげよう。

熊田さんに悪意はなかった。

病気に苦しんでいる蜘蛛達を助けてあげたい一心で、片っ端から腹部を切り裂いていった。

子供ながらに全く理解していなかったが、要は次から次へと殺害していったのである。

そして、自宅の周囲で地蜘蛛を発見できなくなってしまうと、今度は一人で裏山に登っていくことを覚えたのであった。

裏山の中腹に、寂れた神社があることを、熊田さんは大分前から知っていた。

そしてその今にも朽ち果てそうな本殿には、基礎部分に夥しい数の地蜘蛛の巣が張っていたのである。

あまりの嬉しさに小躍りしながら近づくと、次から次へと地蜘蛛を釣り始めた。

散々遊び尽くしてしまったのであろうか。

夕闇が迫る中、熊田さんはニコニコ顔で帰宅した。

「何して遊んできた？」

持って行った虫籠に虫一匹すら入っていなかったので、不審に思った母親にそう聞かれた。

「んー、いつもの遊び」

そう無邪気に話す彼の脳裏には、腹部をカッターで切り裂かれて死んでしまった、大量の地蜘蛛達が不気味に蠢いているのであった。

その夜、熊田さんは何の前触れもなしにいきなり高熱を出してしまった。

夕食後、息子の顔が真っ赤になっていることに母親は気が付いた。

熱を測ってみると、四十度近い高熱が出ていたので、とりあえず安静にさせようと、両親に布団まで連れていかれた。

ふと目を覚ますと、寝ている自分を取り囲むようにして、様々な人々が相談をしているらしく、ガヤガヤとやけにうるさい。

既に目が覚めていたが、何処となく勘付かれるとまずいような気がして、薄目を開けながら眠っているような演技をしていた。

〈どうする。どうする〉

〈ええい、やっちまうか〉

〈いや、いや。あっち見なよ。最早、ここしか残っていないって〉

そんなふうに言い切る奴はどんな顔をしているのか。

そう思ってバレないように盗み見たところ、あっという間に後悔するハメになってしまった。

その顔に、目や鼻や口はなかった。

疾《と》うの昔にそれらがあった痕跡のようなものは存在しており、いずれも闇を思わせる孔《あな》と化している。

〈やっぱり、こっちだな〉

その男の口唇らしき痕跡が醜く蠢いたかと思うと、そう断言した。

嫌だ、やめてよ。あっちに行ってよ。

そう願った途端、何処からともなく声が聞こえてきた。

聞き覚えのある、はっきりと力強く、そして明瞭な声がこう言った。

「こっちにしてけろっ！　跡取りなんだがら、そいずはやめてけろ！　頼むから、こっちさ来てけろずっ！」

その瞬間思わず、あっ、と短い声を出してしまった。

この声は、お祖父《じい》ちゃんの声に間違いない。

すると、布団を取り囲んでいる連中が、一斉に一方向を向いた。

〈やめるか〉〈やめるか〉

〈あっちに行くか〉〈あっちにするか〉

〈あっちでやるか〉

暫しの間を置いたところで、気が付くといつの間にか周囲の人々は消え去っていた。

間髪入れずに、遠くのほうから悲鳴のような声が聞こえてきたかと思うと、何故かそれに併せて熊田さんの意識も遠くなっていった。


眼を覚ますと、周りには顔面を真っ赤にして泣き腫らした両親が、安堵の声を上げたのであった。

「良《い》がった！　良がった！」

とりわけ枕元にいた祖父の喜びようは桁違いであった。

だが、両親はお互いの手を握りながら、相も変わらず号泣しっぱなしで、喜ぶような素振りは微塵《みじん》も見せなかった。

「……そりゃそうだべな。妹の嘉子が同じ頃に、いきなり死んじまったんだから。生まれたばかりだったのによ」

この件に関して、祖父は何かを知っているような気がして幾度となく訊ねたが、数年後、その真相は墓場まで持って行かれたのである。

釣行夜話　外伝　ヤンマ釣り編

「あんれはなァ、確か……」

芳賀さんは子供の頃の記憶を一所懸命呼び戻そうとしていた。

両目を瞑《つぶ》りながら、こめかみ付近を両の親指で丹念に揉みほぐしている。

「暑っつい日だったなァ」


今からおおよそ六十年程前の話になる。

季節は七月初旬であったが、異様に蒸し暑い日であった。

小学校に上がったばかりの芳賀さんは、一人でヤンマ釣りをしていた。

この釣りは地域によって様々な方法があるが、彼の生まれ育った東北地方のとある地域では、概ね以下の通りである。

まず、釣りたいヤンマのメスを捕獲する。言うまでもないことではあるが、ヤンマとは一般的に大型のトンボのことを指す。

彼の場合は、専らギンヤンマを狙っていた。

全身ほぼ黄緑色なのであるが、オスの腹部の裏側は銀白に輝いている。

彼はこの美しさに魅了されていた。

夕方になると捕食のためか近くにある山の麓《ふもと》をしょっちゅう飛び回っているので、両親に手伝ってもらって、あらかじめ捕虫網で捕獲しておく。

なお、雌雄の違いは腹部の色ではっきりと分かるため、間違うことはなかった。

準備万端で翌日を迎える。

捕獲しておいたギンヤンマの尾に釣り糸を括《くく》り付けて、近くにある沼の畔《ほとり》で飛翔させる。

すると、あれほど用心深かったギンヤンマのオスが、飛翔しているメスを見た途端、一気に骨抜きになってしまうのだ。

そして、警戒心が消滅したオスはメスに飛び掛かり、そうこうしているうちに少年達に捕獲されてしまうのであった。

芳賀さんの首には、小さな虫籠がぶら下がっていた。

勿論事前に用意していたギンヤンマのメスを入れておいたものである。

この虫籠には、夕方に捕獲したメス以外のヤンマが入ることはほぼなかった。

何故なら、ヤンマ類は飼育することがすこぶる難しいこともあったが、それより何よりヤンマ類の姿形に魅了されていたからにほかならない。

彼の場合は釣り上げたオスの美しさを十分に観察した後、囮《おとり》に使ったメスと一緒に逃がすことが常であった。

だが、今回ばかりは違った。

いつも通りメスを囮にして飛ばしていたところ、まるで熊蜂のような喧しい羽音が耳に入ってきた。

慌てて視線を遣ると、明らかに大きさが違うヤンマの姿を捉えた。

その異様に大きいギンヤンマが宙を数回回転したかと思うと、飛翔しているメス目掛けて急降下してきたのだ。

そしてあっけなく、芳賀さんに釣られた。

でかい。明らかに、でかい。通常のオスよりも、二回りばかり大きなギンヤンマが釣れてしまった。

「あつけなデカさの奴ァ、初めてでなァ」

喜びの余り、持参していた虫籠へ咄嗟《とっさ》に入れた。

トンボのような、飛行中に獲物を捕食する昆虫は、飼育がとても難しい。

また、狭い籠に入れておいても籠の内部に羽と身体をぶつけ、数日でほぼ死んでしまう。

しかし、この大きなヤンマだけは学校に持って行って自慢したかった。

芳賀さんは喜びの余り軽くスキップしながら、嬉々として自宅へと戻っていった。

捕獲した大型のギンヤンマは、最初よりも大きめの籠に移し替えると、自分の部屋の窓近くに置いておくことにした。

夕飯を終えて風呂に入ってから、自分の部屋に戻って宿題をしていた、そのとき。

何の前触れもなく、パン、パン、パンと音がし始めた。

初めは分からなかったが、間もなく西側の窓から音がしていることに気が付いた。

不審に思いつつ、厚手のカーテンを一気に開け放つと、目に入ってきた有様に、思わず身体が硬直した。

それは、ヤンマであった。

自室の西側に面したガラス窓に、大量のヤンマが次から次へと激突して、そして死んでいった。

この辺りにこれほど夥しい数のヤンマが生息していたのかと不思議に思うくらい、何処からともかくヤンマが次から次へとやってきて、激突していく。

そのまま落ちていくものが殆どであったが、一部は頭や身体を勢いよくガラス窓にぶつけたせいか、破裂した自らの胴体から漏れ出た体液でガラスにべっとり貼り付いている。

硬直していた身体が、不意に弛緩《しかん》した。

一気に布団の中へと飛び込むと、頭から布団を被って、文字通りガタガタと震えていた。

体感では五分程経過した辺りだろうか。不意に、激突音が止んだ。

ああ、終わった。良かった。と思って恐る恐る窓へと向かうと、身体がまたしても硬直した。

真っ黒い顔でやけに大きい眼だけが爛々《らんらん》と光った、得体の知れないものが部屋の中を覗き込んでいたのだ。

「えェっ？　二階だべよ、ここ。えェっ？」

張り詰めていたモノが、一気に切れたのかもしれない。芳賀さんは堰《せき》を切ったようにわんわん泣き始めた。

助けて、助けて、誰か助けて。

その思いで号泣していると、驚いた祖父が物凄い勢いで部屋に飛び込んできた。

そして、視線を部屋の中に隈なく動かす。

すると間髪入れずに、西側の窓に置いていた、虫籠に入った馬鹿でかいヤンマを見つけた。

思いっきり息を吸い込む音が聞こえてきた、そのとき。

「この、バガタレがっ！」

家中に鳴り響くほどの叱責を受けて、芳賀さんは思わず泣き止んだ。

すると祖父は、ヤンマの入った虫籠を引っ手繰《ひたく》るように持ち、くるりと方向を変えた。

そして黒い何者かが覗いていない北側の窓をがらりと開け、滑らかな手付きで馬鹿でかいヤンマを空に放した。

「あっ！」

その行為に思わず非難めいた一言を発してしまった。

祖父はすぐさま孫のほうへ鋭い視線を遣ると、改めて一喝した。

「この、バガタレがっ！」

キーンという耳鳴りがして、頭部に鋭い痛みが走った。

祖父から重い拳骨を頭に貰ったのだ。

想像以上に痛かったが、何故か涙は一粒も出てこない。

ああ、とんでもないことをしてしまったんだ、と心から悔やんでいたところ、いつもの
優しい祖父の声が聞こえてきた。

「ほらっ。あそこ。ほらっ」

そう言いながら祖父が指差す方向に視線を動かすと、いつの間にか、例の真っ黒い奴は

窓からいなくなっていた。

しかし、先程起きたことは夢などでは決してない。

何故なら、ガラス窓には体液を垂れ流しながら付着した、頭や身体の潰れたヤンマが残っていたのである。


翌朝、自宅には大量の烏《からす》が飛来していた。

御近所の人々が見学に来るほど、烏達の鳴き声でけたたましい状況になっていた。

勿論、大量に死んでいるヤンマを食べにきていたのである。

芳賀さんは、子供ながらも、心から反省していた。

とんでもないことをしてしまった。あのヤンマは、手を出してはいけないものだったに違いない。

しゅんとしながら祖父の部屋に謝りに行くと、彼はまだ眠っているのか一向に起きる気配がない。

何か、嫌な予感がする。

慌てて両親にその旨を伝えると、泡を食った二人は急いでやってきた。

前日まで普通に暮らしていた祖父は、例の出来事があった翌日からうなされ続け、そのまま起きることはなかった。

「申し訳ねェ。申し訳ねェ。申し訳ねェッッッッッ」

全身汗だくで酷くうなされながらも、時折誰かに謝り続けて、おおよそ二日後の夜。

祖父はとうとう、帰らぬ人になってしまった。

「虫はなァ、ホント、懲り懲りだなァ」

そう呟いた芳賀さんの目は、ほんのりと赤くなっていた。

検品のおしごと

藤田さんは港湾近くの営業倉庫で働いている。

営業倉庫とは簡単に言えば、委託された貨物等を倉庫に保管する仕事のことで、国土交通大臣の登録を受けたものになる。

「毎日忙しくてねえ、ホント。まァ、オレなんか雑用専門なんだけどな」

人目も憚《はばか》らず、恐ろしく甲高い笑い声を暫くの間上げ続ける。

「オレみたいな立場の人間は基本、何でもやらないとすぐクビになっちゃうから」

間もなく六十歳を迎える藤田さんは、今まで何回も勤め先が変わっている。しかし、場所は違えど港湾部の倉庫関連の仕事を一貫して行っていた。

長年培われてきたスキルは相当なもので、恐らく同様の会社にとっては引く手数多《あまた》の存在であると思われる。

「何だって、スキル？　そんなものある訳ねえよ。ま、フォークリフトの免許くらいかなァ、今でも通用するのは。あとは、もう資格じゃなくなっちゃったけど、これかなァ」

そう言いながら、目の前にあった割り箸で、コップを叩く素振りを見せた。

「うん、打検士っていうんだけどな。缶詰とかを棒で叩く仕事だよ。コレ、昔は結構貴重な資格だったんだけどなァ……」

未開封の缶詰等を棒で叩いて、その音で缶や内容物の異常を察知する、特殊な資格。それが打検士であった。

この資格を得るためには、高校卒業ならば五年以上、大学卒業ならば三年以上もの経験を積んだ上で、更に認定試験に合格する必要があった。

藤田さんも大学を卒業して数年後に漸く取得していたが、残念ながら輸出検査法の廃止に伴い、打検士といった資格自体も消えてしまったのである。

それでも、打検ができること自体は、昨今の現場においてもかなり重宝する能力であることに間違いはない。

「うーん、そうね、輸入缶詰の検品依頼はしょっちゅう来るね。ホント、資格手当を貰えないのが不思議な位よ」

またしても大声で笑い始めたが、何かを思い出したのか急に真顔になってこう言った。

「そうそう。この間、こんなことがあったんだ」

藤田さんの所属している会社は結構有名で、倉庫面積も広いことから問い合わせが絶えない。

さらに、彼の能力もそこそこ知られており、缶詰を輸入している小さな会社からもほぼ毎日のように引き合いが来ていた。

「んでね、御新規のお客さんからの依頼で……」

通関許可が下りたばかりの輸入缶詰の検品に、その会社の倉庫まで出張することになった。

中身は中国産のシロップ漬けの果物で、その一斗缶が千個近くあるとのことであった。

「ま、そんな訳で二人で行ったんだけど。そう、オレが打検で、もう一人が目視検査とその他、って感じかな」

彼らの会社から車で十数分のところに、その倉庫はあった。

倉庫の前で待っていたスーツ姿の経営者らしき人物が満面の笑みで迎え入れてくれた。

「ォはよごじェます！」

片言の日本語で歓迎を受けると、早速倉庫内に案内された。

倉庫内に足を踏み入れた途端、思わず鼻を押さえながら噎《む》せ返ってしまった。

そこは異様に薄暗く、そして尋常でないほど生臭かった。

こういった倉庫は得てして薄暗いものだが、ここまで陰鬱な場所は初めてといっても過言ではなかった。

また港の近くで潮風がふんだんに入ってくるとはいえ、ここまで生臭いのは、最早小魚の死骸が散乱している漁港並みとも言える。

「勿論、仕事だからね。そんなことは口に出さないよ、勿論」

とにかく、早く終わらせよう。

事前に打ち合わせた通りに、二人はてきぱきと行動し始める。

シロップ漬け製品の一斗缶を一缶一缶、打検棒と言われる先に小さい球が付いている棒で、缶の上っ面を叩いて音を聞き分ける。

若い頃の藤田さんの検査能力は、毎分数百缶もの検品を可能としていた。

勿論全盛期までとはいかないが、今でもあまり変わらない速度で一斗缶を次から次へと検品していく。

勿論、不合格品らしきものはかなり発見した。

果物と思われる固形物がやけに少なくてシロップだらけの缶は相当数見つかったが、頼まれもしないのにそこまでは言う必要はないだろう、と判断した。

「んで、結局。異常があったのは三缶だったかな」

そう言いながら、藤田さんは続ける。

「ん？　不良品？　そりゃ、分かるよ。音と感触が全然違うんだから。ま、そこから判断

する に……」

ほぼ確実に、缶の中には何も入っていない、と彼は言った。

しかし、もう一人の社員がおかしなことを言い始めた。

「そう、重さが他の缶とほぼ一緒だったんだよな」

重量計で計ったところ、正常な他の缶との差異は誤差の範囲内であった。勿論理由はさっぱり分からないが、数字自体に間違いはない。

「オレ達の仕事はここまで、だから。あとはお客さんが判断することだし」

作業自体は二時間程度で全て完了していた。

そして三個の缶詰を異常として弾いたが、重量自体に何ら問題はない、といった報告をしたのである。

「うーん。今思うと、おかしいよな。だって、度を越えて感謝していたぜ、あの社長。地べたに額を擦《こす》り付けてさ、アリガトォ、アリガトォってさ。払うモノはちゃんと払っているのにさ」

どことなく腑《ふ》に落ちないまま、本件の作業は無事終了したのである。

その日の夜。

藤田さんが自宅で風呂に浸《つ》かりながら熱燗《あつかん》を楽しんでいると、全開にしている窓のほうから視線のようなものを感じた。

その瞬間、熱い湯に浸かっているのにも拘らず、瞬時に全身が総毛立った。

徳利の首を持ちながら、恐る恐る振り向いて、視線を窓のほうへと小刻みに動かす。

「ん……」

若い女が覗いている、と思ったのだが、明らかに様子がおかしい。

所々血のようなもので固まった長い髪の毛の若い女。その下顎は無残にも千切り取られたかのように、歪《いびつ》な肉片とやけに白い骨の部分がはっきりと見えている。

更にその両腕も物凄い力で引っこ抜かれたかのようにざくざくになっており、時折体液らしきものを滴《したた》らせている。

軽い悲鳴のようなものを上げながら思わず目を瞑る。

そして、ゆっくりと開けると、あの女の姿は消えていた。

最初は幻でも見たに違いないと結論付けていたが、同じことが三日も続くと最早そんなことでは片付けられない。

「ホントはこんなこと相談したくなかったけど……」

あの倉庫で一緒に仕事をした社員に話したところ、そいつはいきなり泣き出したという。

「良かった！　良かった！　オレだけじゃなかったんだ、って。ったく、ちっとも良くないって」


藤田さんは例の会社へ電話で確認してみることにした。

もしかしたら、何か事情が分かるのかもしれない、そう思って。

しかし、その電話番号は既に使われていないものであった。

「そりゃ、焦ったよ。もしかしたらとんでもない置き土産をされたんじゃないのかって」

二人は慌てて例の倉庫へと向かったが、そこは既に蛻《もぬけ》の空であった。

その日以来、あの女は彼ら二人の元へは姿を現していない。

しかし、ひょっとしたらそんな話では済まないような気がする、と心持ち怯えた声で藤田さんは言った。

「一体、何を輸入したんだろう、あいつら」

何かとんでもないものを日本国内に入れたに違いない、と彼は呻《うめ》いた。

麻雀狂・三態

「小林って奴がいましてね」

不敵な笑みを浮かべながら、コウタは言った。極端に短くなってしまった煙草を右手の親指と人差し指で持ちながら、美味そうに燻《くゆ》らしている。

「奴ァ、凄い男ですよ。だって、麻雀してる最中にテメエのガキが死んじまったってのに。顔色一つ変えずにそのまま打ち続けるんだから」

会社員のコウタは、仕事が終わると一杯飲み屋に行く感覚で、フリー雀荘へと入り浸《びた》っていた。

最初の頃は卓を囲む面子《メンツ》は殆ど見ず知らずの人で新鮮みがあったが、やはり曜日や時間の都合もあるのか、次第に代わり映えしない連中とばかり牌《はい》を打つことに慣れていった。

その連中の中に、小林と名乗る中年のサラリーマンがいた。

コウタの目利きによると、麻雀の腕はイマイチであったが、土壇場でのツキの良さはなかなかのものである。

「あれは確か。十月の半ばだったかなァ」

セルフレームの眼鏡の奥を細めながら、コウタは語り出した。

時刻はもうすぐ午前零時を迎えようとしていた。

県の条例で閉店する必要があったが、そこそこ客が集まっているのだから店側も閉店するつもりはこれっぽっちもない。

従業員が厚手のカーテンを一斉に閉め始めた。

勿論、店内の灯が外に漏れるのを防ぐためである。

暫く振りのツキが回ってきたのか、今回のコウタは絶好調であった。

点五（千点辺り五十円）にも拘らず、ほんの数時間で十万円近くも勝っていたのである（無論、賭け麻雀は違法である）。

ホクホク顔のコウタとは対照的に、小林は相当負けが込んでいた。

苛々《いらいら》した精神状態が打ち筋にも影響して、最早初心者同様の有様であった。

しかも何度も何度も卓に牌を強く叩き付けるので、幾度となく店長から止めるように注意も受けていた。

半荘《ハンチャン》が終わって一息吐いていたとき、小林の携帯電話が突然鳴り始めた。

慌てて電話に出たかと思うと、奴の動きがふと止まった。

そして意味不明の声を上げながらその場で立ち上がったかと思うと、すぐに椅子へと座り込んだ。

「どうかしました？　もう上がりますか？」

勝者の余裕からか、コウタが優しい声で言う。

「……いや。大丈夫。こっからですよ」

勿論、勝者が止める判断をするのはよろしくない。常々そう考えていたコウタは、小林が納得するまで付き合うことに決めた。勿論、他の二人次第ではあるが。

「……さぁ、次の親は誰ですか。サクサク行きましょう」

小林の異様なまでの冷静な声が、何かが起きたことを示していた。


「まさかねェ。あのとき、病院で亡くなったなんて。突然死って奴らしいですよ。ホント、スゲェよ」

まだ生まれて間もない小林の息子は、父親が雀荘で大負けしている頃に、ひっそりと息を引き取ったのであった。

「母親も同じ病院でまだ入院中だったみたいで、ね。寿命な訳だから、どうしようもないよね。まァ、はっきり言って哀れだよね」

当時の大勝ちを思い出していたのか、何処となくニヤニヤしながらコウタは言った。

「……えっ、どうしてそんなに詳しいのかって？　そりゃ詳しいですよ。だってアイツが自分で説明してくれたんだから」

どうやら、そのとき既に小林は精神状態に何らかの異常を来していたと思われる。

何故なら子供が死ぬというのは不幸の中でも最大といっていい。

にも拘らず、雀荘で会っただけの連中にペラペラと吹聴するなんて、何処をどう考えてもまともな人間のすることではない。

「しかも、訊いてもいないのに勝手に話してくるんですよ。仕事がダメになったとか、妻との関係が悪いとか、来週は弁護士に会ってくるとか。ホント、こっちは知りたくもないのに」

半ばウンザリしたような表情をしながら、コウタは吐き捨てた。

「でも、金払いはメチャメチャ良いんで。それだけが救いですわ」

コウタの話によると、あの日以来小林はツキまで失ってしまったのか、面白いように負け続けたのである。

当然支払う金額もかなりなもので、ほぼ毎日のように十万円近くを失っていった。

しかし、毎日のようにそれほど負けが込んでいて、果たして金銭的に大丈夫なのであろうか。

ひょっとして、相当な金持ちなんでしょうか、とコウタに問うと、彼は薄笑いを浮かべながら否定した。

「いや、それはないでしょ。アイツ、会社を馘《くび》になったって嘆いていたし。でも……」

何度も小首を傾げながら続ける。

「……何だかね。いきなり薄汚いスーツケースを持ってくるようになってね。そこから負けた分を支払っているんだけど」

一度だけ、小林が周囲の視線から隠すように金を取り出すところを覗いてみたが、そこにはぎっしりと札束が詰まっていたのであった。

「絶対に、まともな金じゃないでしょ。うん、絶対に」

今度は大きく頷きながら、そう断言した。

「でも、いつも打っている他の面子も、どことなく危険な臭いを嗅ぎ付けたんだろうね。少ししたら二人とも雀荘に姿を現さなくなってしまって……」

それでも店長やバイトに入ってもらって麻雀自体は楽しむことができた。

だが、その日は違った。

一人は店長に入ってもらったので問題はなかったが、バイトがいきなり休んでしまって人員が足りなく、もう一人がなかなか見つからなかった。

三人でやっても面白くないし、今日はもう諦めるか。そう思ったとき、店内の扉がゆっくりと開いた。

「……あの、初めてなんですけど。一人でも打てますか？」

目映《まばゆ》いばかりのピンク色のワンピースを身に纏った、小太りの女性であった。

ここの雀荘に女性が来ること自体珍しかったが、とにかく渡りに船である。

「さァ、どうぞどうぞ。ここが空いていますよ、姐《ねえ》さん」

そう言って、コウタは満面の笑みでその女性を卓に案内したのである。

「えっ、その女性？　打ち方は勿論、お世辞にも褒められたもんじゃないけど」

とにかく、恐ろしいほどのツキに恵まれた人であった。

「そりゃそうでしょ。あの短時間で天和《テンホー》（親の配牌時にアガリの形ができあがっている役満）二回なんて、尋常じゃないっしょ。でも……」

声のトーンが急に低くなった。いつの間にか、眉間の皺がより一層深くなっている。

「打ってる最中に、いきなり大声を出したんですよね。小林のほうを指差しながら」

その声はどことなく化鳥のそれに似ていたらしく、上手く言葉にすることができない。

しかし、その後に言った言葉に間違いはない。

「じ、爺さんが。じ、爺さんが。アンタの背中に、汚い格好の爺さんが引っ付いているわよっっっっ！」

その瞬間、小林の顔色が瞬時に変わった。

今まで紅潮していたものが一気に引いてしまい、青白い病的なものへ変化を遂げていく。

「わっ！　お、お前、い、いつの間に！」

店長もそう叫ぶと、椅子ごと後方へとずるりずるりと下がっていき、そのまま勢いよくひっくり返ってしまった。

コウタも慌てて視線を移すと、その瞬間息が止まった。

いる。確かに、いる。見ず知らずの小汚い格好をした爺《じじい》が、おっかない表情をしたまま小林の背中に寄り添うように立ち尽くしている。

「じ、爺さんが。じ、爺さんが。爺さんがァァァァァァ！」

甲高い声で何度も叫びながら、その女性は椅子から素早く立ち上がると、そのまま脱兎の如く店外へと飛び出していったのである。

「えっ！　あれっ。店長、帰っちゃったよ、あの女」

狼狽《ろうばい》しながらコウタが言うと、今度は小林が想像を遥かに超える甲高い声を張り上げた。

「うわァアアアアア！」

叫び声が店内に鳴り響く中、小林も店外へと走り去ってしまった。

訳が分からずあたふたと狼狽《うろた》えていると、両目を大きく開けた店長が、忙しなく辺りへと視線を巡らせている。

「あ、あの爺さん、何処に行ったんでしょう？」

コウタも一緒になって探してみたが、その姿は何処にも見つからなかった。

「未だに分かんないんですけど。あの爺さんと小林の間に、何か関係があるんですかね」

次に小林にあったら絶対に訊いてやると、鼻息荒くコウタは意気込んでいる。

しかしあの一件以来、小林もあの女性も、雀荘には一度も姿を見せてくれないのであった。

＊

「この間辞めたんで、もう関係ないっすけど」

小島さんはそう前置きしながら、以前在籍していた会社について語ってくれた。

「清家って奴が社長でね。これが腐った男なんですよ。もう、中小零細社長の嫌な部分を煮詰めてできたような人間で」

清家社長は三十代で、都内近郊に事務所を借りており、社員は三人から四人程度の小さな会社を経営していた。

小島さん以外の社員はかなり流動的で、基本的に余り長続きせずに、ほぼ半年以内に入れ替わっていたのである。

「そりゃそうですよ。あんな腐った奴、一緒にいて我慢できるのはオレ位なもんですって。あ、オレ、もう辞めたんだった」

整った顔に似合わず、豪快な笑い声を発しながら、彼は続ける。

「イタリア製だか何だか知らないけど、自分達の月給よりも高いスーツをいつも着ててね。妙に甲高い声でガミガミ言ってくる訳なんですよ」

とにかく鼻持ちならない人間で、拝金主義だということだけは理解できる。

勿論それだけであれば、その辺にたくさん転がっているような気もしないではない。

「そうそう。それだけだったらね。でもアイツの場合は……」

麻雀が大好きで、会社の仮眠室に、雀荘にでも設置してあるような最新式の全自動卓を備えていたのである。

「あの会社の採用基準で最重要なのって、麻雀が打てるかどうかですからね、正直」

そんな訳で、社員になるとほぼ強制されるのが、業務終了後の麻雀であった。

小島さんによるとそれはほぼ毎日行われており、終電間際まで帰ることすら許されなかったらしい。

「しかも、あのクソ野郎はね。やたらめったら若い頃の武勇伝を語りたがるんですよ」

誰々をぼこぼこにした、誰々の家に火を点けた、とか自分の犯罪行為を嬉々として話すのであった。

さらに、社員がそれに否定的な態度でも出そうものなら、あっという間に不機嫌になってしまう。

そして自分から退職するまで徹底的に追い込むのであった。

そんな武勇伝の中でも、社長が一番興奮して語るのは、高校時代の後輩に関してであった。

「これはね、凄いよ。だって賭け麻雀で負けた後輩をとことん追い込んで、とうとう自殺まで追いやったんだから」

ここまででも十分過ぎるほど不愉快な話ではあるが、残念ながらまだ終わらなかった。

清家社長の後輩は自室で首を括っていたらしかったが、第一発見者は何と清家社長と他の面子であった。

「そのときの後輩の状態を、事細かく話すんだよね。しかも高圧的に。おめえら、オレに逆らえば……」

アイツみたいに首を長くして、全ての穴から体液を垂れ流すことになるからな。

社長が好んで使う台詞《せりふ》である。

「その後輩はね、アイツに散々カモられてたみたいで。自分や家族の金を散々巻き上げられて、ね」

残念ながら、その後輩は決して選択してはならないもの、即《すなわ》ち自死を選んでしまった。

これだけでも既に犯罪行為なのではないか。そう言うと、小島さんは首を大きく振って否定した。

「アイツね、とある政党の何とか先生に相当な額の献金をしてるもんだから」

何も言えなくなった私に、彼はうんうんと頷きながらこう続ける。

「ま、それはともかく。オレが辞める少し前にね、新入社員を交えて半強制的に麻雀をやらされてたんですよ」

新しく入った男は五十歳を超えており、前の会社を辞めてからなかなか職が見つからなかったのか、かなりくたびれた表情をしていた。

通常はなかなか採用されないような人材ではあったが、麻雀歴が長いこともあってか、清家社長は彼の採用を即決したらしかった。

当然、社長は新入社員に対して例の武勇伝を披露し始める。

「新入りは必死で耐えていましたね。かなりぎこちない笑みを顔面に貼り付けながら。そりゃ、漸く得た職を手放したくない訳ですから、当然ちゃ当然ですけど」

だがそれに気を良くしたのか、社長の武勇伝は止まらない。

そういえばアイツが首を括ってから今日でちょうど何年だ、とか。そんな記念に入ってきたお前は、アイツの生まれ変わりだ、とか。

それでも新入りはめげずに、必死で牌を打ち続ける。

「でね。その新入りってのが染める（数牌を一色しか使わない）のが得意みたいで。毎回染めるんですよね。そしたら、それがアイツの逆鱗に触れたみたいで……」

遊戯中にいきなり怒鳴り声を上げて、新入りを叱責し始めたのである。

どうやら、亡くなった後輩は麻雀で染めることが得意だったようで、新入りの姿にオーバーラップしたらしかった。

「ホント、珍しかったですね。あの麻雀バカが途中で切り上げて、延々と説教し始めるんだから」

その行為は終電間際まで行われたとのことである。

翌朝、新入りは遅刻もせずに出社してきた。

その表情は苦悶に満ちてはいたが、その精神と身体に鞭打ってきたのは明らかであった。

「そんな新入りを見てね、あのクソ野郎がやったことは……」

始業時間前から始まった、面と向かっての説教地獄であった。

勿論、その内容に意味など一切ない。所謂反論を一切許さない、パワハラそのものにほかならない。

文字通り、朝から晩まで。昼の休みすら取らせずに、ただ延々と意味のない戯言《たわごと》を聞かされたのである。

「もう、酷いもんよ。オレだったら確実に殴りかかっていたけど、あの状態の新入りじゃあ難しいよな」

その日は珍しく麻雀は行われなかった。その代わりに、新入りへの説教時間は終電間際まで続いたとのことであった。

「予想した通り、新入りは会社に来なかったですね。連絡も一切付かなかったので、何も分からないですわ」

しかし、その日以来、社長にも異変が生じていた。

あれだけ服装に気を使っていて、高級スーツを着ていない連中は人ではない、とまで言っていた人間が、ほぼ寝間着同然で出社してきたのだ。

さらに、これまた過剰なまでに毛嫌いしていたはずの煙草を社内で吸い始めた。

「さすがに、ここまでいっちゃうと普通ではない訳で。もう一人いた社員に話して、どうしようか相談していたら……」

「……チー。チー。ポン。おっと、そいつだ、ローーーーン！」

麻雀を打っている夢でも見ているのか、いきなり大声を張り上げた。かと思うと。

「ああああああ、舟木、許してくれ。な。な。な。許してくれ」

「ああああああ、今度は勝俣か、許してくれ。な。な。な。許してくれ」

額を地べたに擦り付けながら、洟《はな》を垂らして懸命に謝っている。

「ああああああ、やめ、ああああああ、お願い、あああああああああっ！」

一心不乱に土下座しながら、清家社長は何度も何度も固い床に前頭部を叩き付けている。

そして、ついには、僅かばかりの血痕を床にこびり付かせて、そのまま昏倒してしまった。

そのときである。

一緒にその現場を見ていた社員が、驚く程の悲鳴を上げたのである。

その顔面はまるでドラマの中で見かける、死体の第一発見者のような表情そのものであった。

そしてそのまま事務所から逃げ去ってしまった。

「そりゃ、こっちだって面食らいましたよ。いきなり逃げるなんて、ふざけんなよって」

すぐに追いかけて問い詰めたところ、泣き叫びながら社員はこう言った。

「み、見ました？　社長の後ろ。高校生位の若い兄ちゃんと、入ったばかりの勝俣さんがしがみ付いていたでしょっ！　ほらっ、ひっしとしがみ付いていたでしょっ！」

何を言ってるんだ、こいつは。

怒鳴りつけようかとも思ったが、その鬼気迫る表情から察するに、どうやら嘘ではなさそうであった。

と、すると……。

その途端、何故か身体の力が抜けていき、言い返す気力も失ってしまった。

為す術がなく事務所に戻ると、いつの間に寝間着を脱ぎ捨てたのか、清家社長は半裸でひっくり返っていたのである。

そして、小島さんがその身体に視線を遣った途端、一瞬で全身が総毛立ってしまった。

何故なら、昏倒している社長の腹部と上半身に、何かがしがみ付いたような赤黒い痕が、しっかりと残されていたのだ。

あまりのことに思わず絶句していると、小島さんは補足してくれた。

「ああ、ごめんごめん。舟木はアイツが自殺に追い込んだ後輩のことで、勝俣は来なくなった新入社員の名前ですね」


それ以来、清家社長の姿を見ていない。

間もなく社長の親族らしき初老の人物が代わりにやってきたが、最早どうでも良かった。

以上の出来事により、小島さんともう一人の社員は間もなく退職した。

「それからのことは分からないけど……」

あの会社もそう長くはないでしょ、と小島さんは言った。

＊

「もうね。滅茶苦茶強いんだわ」

大岸さんは週末になると、近所にあるノーレート雀荘へと赴き、麻雀の腕を磨いている。

ノーレート雀荘とは金銭を賭けない麻雀を嗜《たしな》むところで、ただひたすらに競技として楽しむ場所である。

高校時代にやり始めた頃は賭け麻雀ばかりであったが、大学に入学した辺りから、純粋に楽しむことを目的にするようになった。

そして、強くなりたい。

その一心で多忙な営業職の身になってもひたすら続けている。

いずれ何処かの競技団体にでも所属して、より高みを目指したいと考えているが、まだまだそこまでの腕はない、との自己評価から二の足を踏んでいた。

とはいえ、大岸さんはストイックに強さを追い求めているため、ほんのお遊び程度に来ている他の面子とは、明らかにレベルが違っていた。

しかし、あるとき、滅法腕前の良い打ち手が突如現れたのである。

「田所って奴なんですけど……」

新しくやってきたその男に、全くといって良い程歯が立たなかった。

それでも相手の打ち筋を研究して、何度も何度も挑んだが、全然勝てない。

「ホント。嫌になっちゃうくらいレベルが違う感じで……」

打ち筋は惚れ惚れするほど素晴らしく、更に牌の引きが滅法強い。

それだからこそ、挑みかかってはほぼ毎回、這々の体で逃げ帰る他なかったのである。

田所と名乗る人物はかなり口数の少ない男で、殆ど自分のことを口に出さなかった。

それでも卓を囲む回数が増えていく毎に、少しずつ打ち解けてきたらしかった。

最初は三十代かと思っていたが、どうやら既に五十歳を超えているようであった。

服装はいつもパリッとした淡色のスーツを身に纏い、髭《ひげ》は綺麗に処理してあり、豊富で艶《つや》のある黒髪をオールバックに仕上げている。

相当良い会社に勤めているのだなと想像するが、恐らくかけ離れてはいないはず。

かなり見栄えの良いその男は、暇を見つけては一般的な雀荘で小遣い稼ぎをしつつ、時折ノーレート雀荘でリフレッシュしているとのことであった。

「リフレッシュ目的のイケメン野郎に全く歯が立たないのか、とかなりムッとしていましたが。まあ、仕方がないですね。弱いから負けるんですよ」

このままでは自分の夢は夢のまま終わってしまうな、などと多少は自己憐憫《れんびん》に酔っていても、翌日には打ち筋の研究に没頭する、といった前向きさが彼の取り柄でもある。

狂気じみた夏の暑い盛りが漸く過ぎ去って、もうじき十月を迎えようとしていたとある午後。

大岸さんが得意先回りをして都内某所を歩いているとき、何処となく見覚えのある風貌の男と擦れ違った。

一瞬、田所かと思ったが、いやいやそんな馬鹿な話はあるまい。

雀荘で会う田所はいつも洒落た格好をして、牌を打つその仕草にも気品がある。

ところが今擦れ違った男は、小汚い小型リュックを背負って、使い古した寝間着か襤褸《ぼろ》切れを思わせるような見窄らしい格好をしている。

しかも大勢の人々で溢れかえっている駅前の交差点を、人目も憚らず緩慢な動作で歩いている。

しかし。やはり、何処となく似ている。

大方の仕事が終わっていた大岸さんは、その男をこっそりと尾行しながら、あれやこれやと考えを巡らせていた。

その男は大通りをゆっくり歩き、所々にお供えされている花や果物や酒等を見つけては片っ端からザックに放り込んでいく。

人通りの多い場所を抜けて、今度はビルの間に入っていく。

勘付かれないように足音のみならず呼吸音も抑えながら、必死で食らいついていく。

いつしか、初めて見るこぢんまりとした商店街を通り抜け、小規模な川の土手に辿り着いた。

そして暫くの間歩いたかと思うと、小さな橋の袂《たもと》に、何やら手造り感満載の神棚らしきものが置かれている。

それは古雑誌とガラクタで拵《こしら》えられており、中央には得体の知れない御神体を思わせる、トーテムポールに似た小振りな石膏像のようなモノが鎮座ましましていた。

田所らしき男はその前に立って一礼し、今度は正座し始めた。

「……ヤーッ……ソーッ……ハンプトッソ……ヤーッ……ソーッ……」

初めて聞く呪文のような言葉をひたすら一心に唱えながら、これでもかとばかりに地べたに額を擦り付けている。

そして呪文が終わった途端、来る途中で失敬してきた大量の戦利品を、邪神像を思わせる石膏像の前に供え始めた。

その鬼気迫る表情に危ないものを感じて、大岸さんはこっそりその場から去ろうと試みた。

だが、警戒する余り、大きめの石を爪先で蹴飛ばしてしまった。

瞬時に鳴り響く石同士がぶつかる音で、田所らしき男はこちらに視線を向けた。

「あああああああああっ！　見られたァァァァァ！」

身震いする程の大声を張り上げて、田所らしき男はその場で崩れ落ちた。

その瞬間、その身体から鼠《ねずみ》を思わせる大量の影が無数に飛び出し、得体の知れない邪神像の中へと吸い込まれていった。

それを見るなり、大岸さんは脱兎の如くその場から逃げ去ったのである。


その日の夜。

いつも通り大岸さんがノーレート雀荘へ足を運ぶと、信じられないようなものを目撃してしまった。

それは、常連の緩い面子に完膚なきまでに叩きのめされた田所が、最後の点棒を握り締めながら号泣している姿である。

その真っ赤に泣き腫らした情けない表情ばかりに目がいっていたが、よくよく見ると着ている服装はいつもの高級そうなスーツ姿ではなかった。

先程目撃した襤褸切れのような格好で洟を垂らしていたのである。

「うっそ、でしょ……」

あれほど強く美しかった男が、一体何故。

「いやァ、田所さんって綺麗な打ち筋するねェ。でも、本当にツイてなかったねェ！」

緩い面子の中でも筆頭を飾っている中年会社員の吉田が、ドヤ顔でそう言いながら醜い笑顔を浮かべている。

〈ツキだけの問題なのか、これは〉

疑問符だらけで田所の泣き顔を見ていると、それに気が付いたのか彼は視線を返して、お互いにしっかりと目が合った。

すると奴は最後の点棒を相も変わらず握り締めながら、ゆっくりとこちらに向かって歩み寄ってきた。

そして擦れ違いざま、こう言った。

「……もう、終わりだよ。全部」

そして少々肌寒くなった夜の町へと、酷く緩慢な動きで消えていったのである。

それ以来、田所とは顔を合わせてはいない。

何処かの川の土手で見つかった変死体は奴に違いない、といった噂を小耳に挟んだが、勿論確証はない。

大岸さんは例の神棚らしきものが気になって、その場に一度訪れたことがある。

しかしそこには、燃え尽きてすっかり灰になった何かの名残が残っているだけであった。

理由は不明であるが、そこいら一帯は異様に生臭く、広範囲に亘り腐敗臭が漂っていたという。

競馬狂・三態

今から二十年以上前の話になる。

当時、大学生だった青木さんは超の付く競馬好きであった。

週末の朝になると、スポーツ新聞よりも高価な競馬専門誌を片手に、いそいそと私鉄へと乗り込む。

行く先は勿論、浅草。駅から徒歩で数分も歩けば、ＷＩＮＳと呼ばれる場外勝馬投票券発売所、即ち場外馬券場へと辿り着く。

目的地の途中には、朝から営業している飲み屋が幾つか存在しており、コップ酒片手に酩酊《めいてい》している連中があちらこちらに散見される。

青木さんは彼らを横目で見ながら、まるで汚いものでも見てしまったかのような嫌悪感を覚えていた。

平成十七年の法改正で緩和されたものの、当時はたとえ二十歳を超えていても学生並びに生徒は馬券購入を禁じられていた。

無論、競馬にどっぷりと浸かった当時の彼にとっては意味のないことではある。

朝から大勢の人で賑わうＷＩＮＳに入ると、まっすぐ二階へと向かっていく。

客層は他の階に比べると大分悪くなるが、二階は百円単位で馬券が購入できたので、学生の身分としてはここに行く他なかった。

適当な場所に陣取ると、赤ペン片手に第一レースの予想をし始める。

前日にあらかじめ予想はしていたが、馬体重や馬の雰囲気、さらには直前のオッズを加味しながら、平日の間にすっかりと錆び付いた脳内をフル回転させる。

そろそろ窓口に並んで購入しないと〆切られてしまうといった頃合いに、いきなり下っ腹がぐぅと鳴った。

間違いない。下痢による腹痛のサインである。

已むなく第一レースの購入を見送って、早足でトイレへと向かっていく。

個室の扉が開いていることに感謝しながら、腰を下ろして急いで用を足す。

何度かやってくる波をどうにかしてやり過ごした後、水を流して一息吐いて、ゆっくりと立ち上がった。

そして個室を出ようとしたとき、隣の個室から、ガタンッといった物凄い音がした。

一体何事かと急いで個室を出ると、隣の扉も開いている。

「えーっと、大丈夫っスか？」

声を掛けながら個室を覗き込むと、誰かが首を括っていた。

天井の照明部分に上手いこと荒縄を掛けて、この小汚い格好の年老いた男は、見事にやってのけたのだ。

大分底が磨《す》り減って歪な形をしている安物の靴を履いた両足をぶらぶらとさせながら、ぎっしぎっしと不愉快な音色を、紫色に変色した首の辺りから鳴らしている。

背中を向けているために顔までは見えなかったが、頭の中が真っ白になってしまい、どうすべきかがさっぱり分からない。

そのとき、第一レースが終わったのか歓声や怒号が聞こえてきたおかげで、ふと我に返った。

誰かにこのことを告げるべく、慌ててこの場から逃げ出した。

通りかかった警備員に慌てて事の次第を捲し立てるが、彼は意味が分からないといった表情を浮かべ、きょとんとしている。

埒《らち》が明かないため、警備員の手を取って無理矢理現場へと連れていった。

「ほらっ！　ここ、ここで人が……あれっ？」

この目で確かに見たはずの縊《い》死《し》体が、何処にも見当たらない。

「……見間違いじゃないですかね。じゃ、もういいですかね」

ムッとした表情を隠すこともなく、警備員はトイレから足早に去っていった。

青木さんは放心状態のまま、暫くこの場から動くことができなかった。

この出来事は精神的にダメージを与えたが、彼を競馬から遠ざけるまでには至らなかった。

だが、これと殆ど同じ出来事を、この後何回も体験することとなる。

しかも、浅草以外でもそれは起こった。

ただし縊死していたのは全て同じ人のようで、WINSの個室トイレといった点も同じである。

顔を正面からはっきりと見た訳ではなかったが、背格好や服装、さらには靴底の特徴から間違いはないようであった。

そのたびに酷く驚かされ、その日は競馬どころではなくなってしまう。

しかし、この不可解な出来事に対してほとほと嫌気が差したのか、彼は腹を決めた。

次に見たときには、必ずその顔《ツラ》を拝んでやる、と。

師走も終盤を迎えると、WINSに集まる人々の数も異常に多くなる。

それもそのはず、春に行われる日本ダービーに匹敵する大レースである、有馬記念が近付くからである。

スポーツ新聞は月曜日からその話題で持ち切りで、殆どの出走馬がファン投票で選ばれることから、中央競馬を締めくくるレースとしては文句がなかった。

青木さんも勿論楽しみにしており、当日は早朝からレースが行われる中山競馬場に足を運んでいた。

早朝にも拘らず混雑具合はとてつもなく、正月の餅代を稼ごうと目が血走って殺気だった連中で一杯であった。

いつものごとく第一レースから予想し始めたとき、またしても腹痛に苛《さいな》まれた。

「っくそ！」

悪態を吐きながら急いでトイレに向かって、用を足した。

そしてまたしても、隣の個室に縊死体がぶら下がっていたのだ。

「ってめェ、いい加減にしろよっ！」

辺りに誰もいないのをいいことに、大声を張り上げる。

そして、ぶら下がった老人の身体を半回転させると、その御尊顔を凝視した。

白髪の交ざった薄い頭髪に、皺とシミだらけの醜い老人の顔と向かい合う。

その瞬間、頭の中が真っ白になった。

「……ええ、知った顔だと思います。恐らく、いや。多分、いや。絶対に。そう、間違いないです」

青木さんはその日、馬券を購入することなく、すぐにアパートへと帰ることにした。

肝腎の有馬記念は大荒れで、間違いなくハズレていたのであるが、そのことすら最早どうでも良かった。

「そのときなんだよね。もう競馬はやらないって決めたのは」

そのときは確かに、そう決意したらしい。

しかし、その決心がいつまで続いたのかまでは敢《あ》えて訊かなかった。

何故なら、別れ際、彼のズボンの後ろポケットにあるものが見えたからだ。

それは間違いなく、スポーツ新聞の競馬欄で、馬柱と呼ばれる出走馬の情報欄に、赤ペンで書き込まれた◎や○や▲が垣間見えたからである。

＊

「ツキがないんだよな。とにかく」

それが口癖の吉田さんは、競馬・競輪・競艇には目がなかった。

とりわけ、中央競馬には週の頭から予想に時間を掛けており、まさしく人生そのものであるような有様であった。

彼の生まれは北陸で、資産家の出であった。

都内の有名私大を出た後、実家に戻ることはなく、そのまま都内の一流企業に勤めていた。

そして大学時代からの彼女と結婚後、子供を授かったのをきっかけに、そこそこの広さの一軒家を建てたのであった。

愛する妻と娘に囲まれて、それはもう充実した毎日を送っていたのである。

しかし、好事魔多しとはこのこと。

同僚に誘われて、ほんの少しだけお遊び程度に購入した馬券。しかも、これっぽっちも掠《かす》りもしなかった外れ馬券。

それが、彼の人生の歯車を狂わせていった。

初めのうちはほんの些少な狂い方であったが。しかし、今では既に手遅れとなってしまった。

本来、家族の生活のために使われるべき、労働の対価である給料が、とんでもない早さでなくなっていく。

その殆どが、馬券購入で消えていったのである。

そこそこあった貯金もあっという間に底を尽き、已むなく様々な保険も解約した。

勿論、このことは夫婦の間で大問題になる。

努めて冷静に話そうとする妻に対して、彼は一切聞く耳を持たなかった。

あきれ果てた妻はまだ小さく可愛い盛りの娘を連れて、彼の元を去った。

やがて借金と離婚の話が会社の上司にばれ、それが原因となって会社も辞めざるを得なくなった。

間もなくローンも払えなくなり、一軒家も失った。そう、全てを失って、残ったのは借金のみになったのである。


「オレは、な。ツキがないんだよな、とにかく。予想はこれっぽっちも間違っちゃいないけど、ツキがないだけなんだよ」

日雇い労働で真っ黒に日焼けした腕を盛んに掻き毟りながら、彼は言った。

その部分をよく見てみると、酷い火傷のような痕が残っており、赤黒く変色している。

「やっぱりよ、ツキをこの手にするにはゲンを担がなきゃ。そう考えてさ……」

開運目的で、様々な場所を巡りに巡ったのである。

有名な神社や寺は勿論、運気を上げるといわれるパワースポットも散々訪れた。

しかし、彼にとっては全く意味を為さなかった。

無論、週末の競馬では負け続け、毎日のささやかな飯にも困る有様であった。

そんなときである。

立ち読みした雑誌に載っていた、近場の山中にある巨岩を訪れたその帰り。

運気がとてつもなく上昇する、との触れ込みであったが、想像よりもこぢんまりとしており、酷く落胆して帰路に就いた。

がっかりして足下しか見ていなかったせいか、珍しく道に迷ってしまった。

「生まれてこの方、道が分からなくなったことなんてなかったんだけど。あのときは、何故かそうなったんだよな」

小一時間ばかり山中を彷徨《さまよ》い歩いただろうか。

先程から似たような景色を何回か回っていると、突如薄気味悪い場所に辿り着いた。

吉田さんは、思わず身震いした。

周囲の空気が、先程までと明らかに違う。

季節はもう夏の初めであるにも拘らず、吐く息が白んでいる。

そして目の前には、所々に朱色の塗料らしきものが微《かす》かに残った、今にも朽ち果てそうな鳥居が幾重にも連なっている。

恐らく、大分前に棄てられた神社なのであろう。

まるで何かに導かれでもするように、鬱蒼《うっそう》と茂った木々から伸びている夥しい枝葉を掻き分けながら、奥のほうへと歩み寄っていく。

すると賽銭《さいせん》箱の残骸らしきものの上に、白銀のような真っ白い奇妙な生き物が佇んでいた。

それを見た瞬間、その余りの神々しさに思わず視線を背けた。

一瞬では何か分からなかったが、暫くしてその生き物が猪《いのしし》の子供であることが分かった。

瓜坊《うりぼう》らしからぬ毛色をしていたが、それを除けばどうってことはない、只の猪に違いない。

彼は昼食用に持参していたおいなりさんを、賽銭箱の方向へ軽く放り投げた。

相当飢えていたのであろう。

おいなりさんが着地した瞬間、白い猪は即座に鼻っ面を近づけて、荒々しく貪り始めた。

あっという間に平らげると、他に残っていないのかと辺りに鼻面を押し当てて、盛んに臭いを嗅いでいる。

「すまんなァ。これで終わりなんだわ」

申し訳なさそうに彼がそう言うと、猪はその言葉を理解したかのように軽く首を振ると、崩壊した神社の後方へと向かって消えていった。

吉田さんは吉田さんで、あんな珍しい生き物に出逢うなんて滅茶苦茶ツイている、と小躍りした。

そして、帰ろうとしてその神社を出た瞬間、今までの苦労がまるで嘘のように、すぐに知っている道まで辿り着くことができたのである。


彼の予感は的中した。

あの白銀の瓜坊に出逢ってから、面白いように馬券が的中した。

勿論手持ち金の都合で少額しか賭けることができなかったので、大金を得るまでにはいかなかったが、そこそこ懐《ふところ》は暖まった。

最終レースも勝利で終えて、ホクホク顔で場外馬券場を出ようとしたとき。

前を歩いていた見ず知らずのおっさんがいきなり振り向いて、まじまじと人の顔を凝視し始めた。

怪訝《けげん》そうに見つめ返す吉田さんに向かって、そのおっさんは一言呟いた。

「うわっ、こいつ、つかれてるよ！」

そしてギョッとした表情をしながら、その場から逃げるように去っていった。


しかし、この御利益の効き目は思ったより長くは続かなかった。

自信を持って臨んだ翌日は大金を賭けたにも拘らず、昨日の再現とはいかなかった。

はっきり言うと、一レースすら擦ることもなく、けちょんけちょんな目に遭わされたのである。


それからというもの、週末になると、例の場所に赴くことが常となった。

どうした理由か、初めて行ったときのように迷ったりはせず、すんなりと辿り着くことができたのである。

しかし、暫く通ってみて分かったことではあるが、その場所に行けば白銀の猪に必ず会える訳ではなかった。

だが少なくとも月に数回は会うことができ、そのたびに懐具合も良くなっていく。


ところが、九月を過ぎた辺り。

いつ足を運んでも、全く会えない日が続いた。

期間にしておおよそ一カ月間。当然、競馬では負けに負け続けた。

連戦連敗、もうどうにもならない。彼が本命にした馬は、たとえ単勝一倍台でも、簡単に着外へと沈んでいった。

ひょっとして、アイツはオレを馬鹿にするために存在しているのか。

今までの感謝の気持ちは何処かへ消え去り、彼の心中は白い瓜坊に対しての怒りで爆発しそうになっていた。

全部、アイツのせいに違いない。ここまで苦しいのは、そのクソ忌々しい、白髪だらけのクソ猪がいるせいだ。

彼の頭の中は怒りで埋め尽くされていた。

そもそもあの生き物に会えなかったときは馬券を買わなければ良いのだが、そんなことができるのであれば、全てを失ってこの状態までは堕ちていない。

そして十月を過ぎた辺り。

あの生き物に、とうとう会うことができた。

吉田さんが持参したおいなりさんを投げ与えると、待ってましたとばかりに貪り始めた。

よく見ると、白銀に輝いていた全身の毛色が、妙に薄汚れている。

心なしか、ふくよかそうに見えた身体も、痩せ細っているではないか。

恐らく何らかの事情があったのであろう。だが。

「知らねえよっ！　クソがァァァァァァァ！」

怒りにまかせて、あらかじめ用意して隠し持っていたスキーストックで、力任せに殴りつけた。

その瞬間、「うっ！」といった中年親父の濁声らしきものが耳に入ってきた。

しかも、右手に握ったスキーストックからは、柔らかいような硬いようなよく分からない妙な感触が伝わってくる。

やった、と喜んだ瞬間、目の前にいたはずの猪がいなくなった。

いや、もしかしたらその場には神々しい白銀の猪なぞ初めから存在しなかったのかもしれない。

何故なら、その場にいたものは、異形の何かであった。

繁華街に落ちている吐瀉物《としゃ》を掻き集めたような蛞蝓を思わせる肉の塊、その上っ側に無理矢理乗っかっているのは、頭髪の抜け落ちた中年男の頭部。

その不気味な肉塊が、悍《おぞ》ましいばかりに蠢いていたからである。

くっちゃくっちゃと不快な音を立てながら、先程遣ったおいなりさんを咀嚼《そしゃく》しつつ、濁った眼で吉田さんの顔をまじまじと見つめている。

醜い口唇から滴り落ちる唾が発する、獣臭さと生臭さを足したような臭いが、付近にもわっと漂う。

その瞬間、吉田さんの心の中で、何かが壊れた。

ああっ、オレはこんな醜いものに頼っていたのか。そして、全てを失ってしまった上で、更にこんな奴に弄ばれていたのか。

そう思った途端、後悔の波が怒涛になって押し寄せてきた。

「勿論、あんな奴に頼る訳にはいかないよな。やっぱり、ツキは自分で引き寄せないと、な」

失ってしまったものは二度と戻ってこないのが世の常であるならば、彼は既に達観していたに違いない。

「だってもう無理なんだからさ、俺は。これからも自分の好きなように生きていくしかないんだよ」

今週もまた、吉田さんは場外馬券場に足を運ぶに違いない。

＊

宮本さんは、競馬にどっぷりと嵌《は》まっている。

最早なけなしの給料だけでは飽きたらず、質屋は勿論、ついには消費者金融や街金にまで手を出していた。

しかし、そこそこ馬券は的中するが、ここぞとばかりの大勝負に出ると惨敗の連続で、持ち金は減る一方であった。

長年住んだアパートに戻っても、電気とガスは既に止められている。

最後の砦であった水道も、来週には止められてしまうに違いない。

「もう、いいかな。もう、いいよな。なんて思って」

家財一式をどうにか金に換えて、それを握り締めて場外馬券場へ向かった。

軍資金が減るのがもったいないので、極力徒歩で向かっているその途中。

そこそこ大きな交差点で信号待ちをしていた。

人々で賑わう交差点にいると、彼の心はより一層どす黒くなっていく。

「ああ、こいつら皆幸せなんだろうな。これから楽しい所に行って、美味いもの食って。さぞや幸せなんだろうな」

彼は視線を落としながら、深い溜め息を吐いた。

そのとき、妙にはっきりとした声が耳に入ってきた。

その声はまるで機械音声のようで、男なのか女なのかさっぱり分からないが、日本語であることに間違いはない。

三レースは3-13。3-13。3-13。3-13。3-13。3-13……。

「3-13かァ。ダメ人間の生まれた日じゃないか。〆には相応しい買い目かもしれないなァ」

宮本さんは腹を括った。何時間予想しても当たらないのであれば、アレに従って全てを終わらせるのも悪くはない。

そう思って場外馬券場へと急いだが、途中で気になったことがある。

果たして、どの競馬場の三レースなのか。

まあ良い。とりあえず買ってみようと思ったが、函館と阪神の三レースは既に終わっていて残りは東京のみ。

既に終了している函館と阪神の結果を見ようとしたものの、レース前かレース後に何かトラブルがあったのか、両レースともまだ順位確定していない。

さて、どうしようか。

東京のレースは間もなく始まるので、急がないと投票が〆切られてしまう。

ええい、ままよ。

慌てて窓口に並ぶと、残金の三分の一を費やして、馬連3‐13の買い目を購入した。

東京競馬場のファンファーレが鳴り響き、やがてガシャンと音を立ててゲートが開かれた。

さて、どうなるか。のるかそるか。生か死か。

そんなことを思っていると、一四〇〇メートルしかないレースはあっという間に終わった。

驚くべきことに、購入した馬券は見事に的中した。

十番人気と十三番人気の決着で、万馬券どころか十万馬券である。

全身の震えがなかなか止まらず、次の行動になかなか移せないほどであった。

いつもは的中した馬券はすぐに換金して、次のレースの軍資金にしていた。

しかし今日に限ってはそうする気が全く起きずに、最終レース終了後に換金することにしていた。

それが幸いした。

的中した三レース以降の馬券は全て外れ。物の見事に、擦りもしなかった。

最終レース終了後、久しぶりに拝むことができた札束を見ながら、彼は決意した。

恐らく、あの交差点には馬券の神様が棲んでいるに違いない。そうであるならば、オレは一生付いていく、と。

そして、連戦連勝が始まる。

今の彼に取っては端金《はしたがね》に過ぎない、延滞分の支払いを済ませただけで、かつてのように電気、ガス、水道は元通りに復活した。

こんなクソみたいな紙切れがないだけで、オレは人生を諦めかけていたのか。

そう思うと、何に対してかは分からないが、漠然としたものに対して無性に腹が立ってきた。

そして、交差点に棲んでいる馬券の神様に対しても。

何故なら、最近は買い目のお告げは殆どなくなっていた。

その代わりに、彼に対して命令が告げられる。

何処何処に行って、何々を壊してこい。

何処何処に行って、何々を持ってきて、何処何処に埋めてこい。

最近はこのような指示ばかりで、競馬のケの字も出てこない。

確かに、神様のお告げに従っていれば間違いはないであろう。

そう思って、全て実行してきた。

その中には、他人に被害を与えているものも少なからずあった。

オレは競馬を愉しみたいだけなのに。

そう思ってはいたものの、このお告げを無下に扱う訳にはいかない。


そして、間もなく師走を迎えるある土曜日のこと。

例の交差点で時間を潰していると、いきなり機械音声が耳に入ってきた。

曰く、何処何処に行って、できるだけ海に近づきながら、白米を撒け。

お告げの場所は、電車で二時間以上は掛かるようなところにある。

はっきり言って行きたくはなかったが、彼にとって行かないという選択肢は存在しなかった。


電車とタクシーを乗り継いで、目的の場所へと漸く辿り着いた。

十一月とはいえこの辺りは思ったよりも暖かく、空気も爽やかであった。

宮本さんは目的の場所に佇むと、視線を下へと向けた。

断崖絶壁の上から見下ろす大海原は、まさしく吸い込まれるような美しさであった。

あらかじめ用意していた白米をひとつかみ程度握り締めながら、更に一歩一歩、崖の端へと慎重に近づいていく。

この辺りが、近づく限界かもしれない。

「ちょっと！　あんたっ！」

そう思った直後、唐突に肩を強く掴まれ、グイっと後方に向かって力任せに引っ張られた。

完全に予想外の出来事に身体がついていかずに、その場で思いっきり尻もちをついてしまった。

尻と両掌にとてつもない痛みが走った、そのときである。

先程まで立っていた崖の張り出し部分が、派手な音を立てて物の見事に崩落していった。

「……えっ、うっそでしょ！」

そんな言葉を意図せず口に出しながら、恐る恐る後ろを振り返ると、派手な格好をした中年女性が両目を見開いて彼の顔を凝視していた。

黒地に金色の龍を遇《あしら》ったワンピースを身に纏っている、少々ふくよかな中年女性であった。

「ほら、危ないっ。あんた、おかしなことはやめなよ。アレ、決していいもんじゃないからね」

見た目に反して想像以上に甲高い声で、矢継ぎ早に話しかけてくる。

「アンタ、もう付き合っちゃダメだよ。あんなの、決して味方じゃないから。アンタそのうち、イノチ取られるからね」

そう言うと、呆然としている彼を尻目に、名前も告げずに去っていった。


その一件以来、宮本さんは例の交差点へは一度も足を運んだことがない。

もしかしたら、今からでも間に合っちゃったりするのかな。

そう思い立って、弁護士の無料相談所へと向かったのである。

莫大な借金は国の制度によって大分減額されて、今では何とか普通の生活に戻ろうと、日々努力しているところである。

しかし競馬からは足を洗うことができずに馬券は今でも購入しているが、ほんの小遣い程度で、今までみたいに大金を費やすことは決してない、と強い口調で言った。

「あの人はね、命の恩人ですよ」

今すぐにでも会いたいですよ。会ってお礼を言いたい。でも、恐らく無理でしょう、と彼は言った。

「えっ、どうしてですか？」

そう理由を訊ねると、彼はまるで人目を憚るように、急に小声になって語り始めた。

「……実は、あの一件から数日後のことですけど。たまたまニュースを視たんですよ」

身元不明の五十代以上の女性が、例の一件のあった近くの海岸に遺体となって打ち上げられていた。

その背格好や着ていた衣類、並びに履いている靴の特徴は、あの人とほぼ一緒であったのである。

ガールフレンド

「ええ。もう、かれこれ七、八年も経ちますかね、あれから」

何処となく影のある表情を浮かべ、周囲に視線を巡らせながら、望月さんは話し始めた。

彼が大学生の頃、同じ学校に通っている同級生の茜と交際していた。

同じ地方出身ということもあって自然と仲が良くなり、気が付けばいつも一緒にいるような関係になっていたのである。

そんな彼女が、初めて望月さんの部屋に泊まりに来た日のこと。

二人ともアルコールが程良く回ったのか、夜の九時過ぎには眠くなっていた。

「それで、まあ。今日は早めに寝ようってことになって」

狭いながらも一人用の布団に仲良く二人で入るやいなや、あっという間に微かな寝息が聞こえてきた。

その音が妙に心地良かったのか、望月さんもいつの間にか眠りに落ちていた、そのとき。

「……お゛いっ！　お゛いっ！」

耳元からいきなり聞こえてきた野太い声に驚いて、彼は飛び起きた。

上半身を起こしながら、辺りを見回す。

仄かな月明かりに照らされて、幸せそうな寝顔を見せながら熟睡している茜さんを除いては、当然の如く誰もいない。

〈何だ、夢か……〉

盛んに首を傾げながら、もう一眠りしようと布団の中に潜り込んだ途端、またしても同じ声が聞こえてきた。

「お゛いっ！　お゛いっ！　お゛いっ！」

隣で眠っている彼女の可愛い唇が動くたびに、厳つい中年男性のような濁声が部屋に響き渡る。

何処からどう考えてもこの状況が理解できずに、彼は幾度となく目を瞬かせながら、あんぐりと大口を開けたまま美しい寝顔を凝視していた。

すると彼女の瞼がいきなり開いて、どことなく思い出し笑いのような笑みを浮かべながら、こう言った。

「……今ね、子供の頃の望月君と遊んでいたの」

彼女の言っている意味が分からずに、きょとんとした表情で彼女の顔をまじまじと見続ける。

「あの古い蔵みたいな建物、かなり頑丈だったよね。アタシ、新聞広告とか一杯持ってきちゃって。全部使って燃やそうとしたけど、結局ダメだったわね」

何を言っているんだ、この女《ひと》は。

表情を曇らせながら彼女の顔をじっと見ているうちに、かなり大昔に封印されていた記憶が濁流の如く脳内に流れ込んできた。

そうだった。幼い頃の話ではあるが、自宅の裏にあった巨大な蔵が無性に嫌いだったことをたった今思い出した。


あのとき。母親の目を掻い潜り、こっそりと仏壇の置いてある部屋へと忍び込む。そこに置いてあったマッチ箱を失敬して、裏口からそっと抜け出した。

すると目の前には、灰色の蔵が聳《そび》え立っている。

幼心に、この蔵が嫌で嫌で堪らなかった。

何故なら、この蔵は自分の家のものではない。頻繁に野菜を持ってきてくれる優しいお婆さんが住んでいる家のもので、幾ら自分が欲しがってもどうにもならないものだったからだ。

望月さんは蔵のすぐ側まで歩み寄ると、周囲に隈なく視線を遣った。

そして辺りに誰もいないことを確認すると、その場でしゃがみ込んだ。

震える手でマッチ棒を一本ばかり箱から取り出すと、見よう見まねでマッチの頭を箱の側面のざらざらした部分で擦ってみた。

すると微かな音を立てて、マッチ棒の頭が一気に燃え上がった。

そのまま火の付いたマッチ棒を蔵の壁に放り投げてみるが、その火はあっという間に消えてなくなってしまう。

そんなことを数回繰り返していると、壁の近くに積んであった新聞広告に燃え広がった。

どす黒い煙がもんもんと立ち昇り、一気に周辺が煙たくなった。

そのとき、である。

「こんのっ、馬っ鹿っ！」

いきなり後方から甲高い怒鳴り声が聞こえてきたかと思うと、後頭部に激痛が走った。

すぐに後ろを振り向くと、怒りの余り真っ赤な顔をした母親が仁王立ちしていたのだ。

そこから先の詳細は割愛するが、とにかくこっぴどく叱られたことは言うまでもない。

そして散々絞られたが、一つだけ不明なことがあった。

それは、蔵の近くに置かれていた新聞広告の束である。

彼の記憶では、初めのうちはそのようなものはなかった。

しかし、いつの間にか目の前にそれが置かれていたのである。


「……ええっ！　広告って。お前、まさか」

そのとき、自分でもおかしなことを言っている自覚はあった。そんな不思議なことが、この世に、しかも自分の身に起きる訳がない。

だが、にっこりと微笑《ほほえ》みながら、茜さんはこくりと頷いた。

「そうだよ。ウッソでしょ！　覚えてないの？」

その瞬間、背中に冷たいモノが一気に通り過ぎたのであった。


「それから、かな。もうね、一緒にいるのが気持ち悪くて……」

望月さんとしてはすぐにでも茜さんと別れたかったが、なかなか別れ話をすることができなかった。

「向こうがオレにべったりだったんで、なかなか。しかも……」

別れ話なんか切り出したら何をされるか分からない、といった恐怖感も多分にあったに違いない。

「それで、単なる言い訳になるかも知れませんが」

そのストレスからか、彼は彼女には内緒で他の女性と懇《ねんご》ろになっていった。

勿論、茜さんに対しては絶対にバレないよう、最大限に用心深く行動したことは言うまでもない。

それにも拘らず、ある晩のこと。

たまたま泊まりに来ていた茜さんが、真夜中にいきなり目を覚まして、こう言った。

「ねえ、浮気してるでしょ」

そして、彼と浮気相手の行動を事細かく説明し始めたのである。

その説明がとても生々しく、そして当を得ていたので、もうこれはどうしようもないと観念して、その場で別れ話をすることにした。

すると茜さんは一切取り乱すこともなく淡々と話を聞いた後、一言こう言った。

「……残念だけど。ま、いっか。望月君はあと十年ちょっとしか……ううん、何でもない」

そう言い残すと、満面の笑みを浮かべて、彼の部屋を後にした。

「それで、漸く別れることができたんですけど……」

同じ大学に通っていることもあって、学校内だけではなくコンビニやスーパー等でもしょっちゅう顔を合わせてしまう。

何らかの罪の意識からなのかすぐに視線を逸らしてその場から立ち去ろうとする望月さんに対して、茜さんはあっけらかんと近寄ってくるのであった。

「そのたびに、おかしなことを言われたんですよ」

彼女に何と言われたのか、非常に気になる。

「ああ、それは……」

望月さんが言いかけたそのとき、彼の携帯電話がブルッと振動した。

半ば反射的にディスプレイに視線を遣った瞬間、ほんの一瞬で彼の顔色が青ざめた。

「えーっと……あ、あ。き、今日はもう行かなきゃならないんで」

この件はまた次回に話します。絞り出すように言うと、そそくさとその場からまるで逃げるように去ってしまった。

三段逆スライド方式

大道さんは七十歳台後半で、天涯孤独の身になって久しい。

両親とは物心付いた頃から折り合いが悪く、彼が中学校を卒業して働き始めた頃から絶縁状態になっていた。

親戚とも付き合いが一切なかったし、歳の離れた兄弟とも連絡を取っていない。今まで所帯を持ったこともない。

生きるために工場で働きながら忙しい毎日を送っていると、いつの間にか齢だけが過ぎていった。

今では僅かばかりの年金に加えて、生活のために工事現場のアルバイトをしながら、四畳半一間のアパートで一人暮らしをしている。

トイレと風呂は勿論共同ではあるが、慣れてしまえば何も困らない。

「オラァ、こう思うんだ。人はな、殆どのことにはすぐに慣れるもんだよ。例えば……」

年齢にも拘らず真っ黒に日焼けして屈強な腕を掻きながら、こう言った。

「出るんだよな、オラァのアパートには。うん、そう。訳の分かんないものがしょっちゅう出るんだよ」

胸の辺りでだらりと両掌を垂らしながら、ステレオタイプのお化けを思わせる、如何にも苦しそうな表情をしてみせた。

最初にその存在に気が付いたのは、今の年号に代わる数年前のこと。

その日はいつも通り、仕事が終わって帰宅し、部屋で安酒を呷《あお》ってそのまま眠っていた。

我慢できないほどの尿意に目が覚めたとき、時計は深夜二時過ぎを指している。

寝起き状態のふらふらした足取りで部屋を出て、共同の便所へと向かっていた。

今にも消えそうな裸電球一つの灯の下、大小の蛾が乱れ飛んでいる。

周りは小汚い壁に覆われており、大人二人が擦れ違えないような、狭い通路であった。

そんな十メートルもない廊下を渡っていると、老朽化して軋《きし》む足音に混じって、何かを引っ掻くような音がいきなり耳に入ってきた。

「……うん？」

胸の辺りが少々騒がしくなり、ほんの少しだけ体温が上昇したような気がする。

立ち止まって耳を澄ます。

どうやら、壁か何かの固い部分を尖った爪で引っ掻く音が、何処からともなく聞こえてくるようである。

大抵のことには慣れていた大道さんも、まるで黒板を引っ掻くような不快な物音に、思わず顔を顰《しか》めた。

ひょっとして、鼠か他の獣でも棲んでいるのかもしれない。

だとしたら、諦めるしかあるまい。あのケチな大家が何らかの対策をしてくれるなんて、天地がひっくり返っても有り得ないこと。

だが、もしそういった連中が棲んでいるせいではなかったら。

大道さんは大仰に首を振って、脳裏に浮かんできた情景を思いっきり振り払った。

いかんいかん。こんなことを想像していては、いかんいかん。

そう思って便所に向かって歩き始めると、今度は呻き声を思わせるような、明らかに女性のものによる悲痛な声が聞こえてきた。

その声には相当な恨みが籠もっているようで、聞いているだけでやるせない気持ちになってしまうような代物であった。

しかし、不幸自慢だったら自分だって負けちゃいない。

そう思いつつ威勢良く軍艦マーチを口遊《くちずさ》みながら歩みを早めたところ、廊下の先にある暗闇から何やら強烈な視線を感じ始めた。

今度は一体何事か、と思わず凝視する。最初は全く見えなかったが、暗闇に目が慣れてきた頃、漸くその存在が視界に入ってきた。

隅っこには、薄汚れた銀色のバケツが無造作に置いてある。その奥に隠れるようにして、幼女の顔らしきものがこちらを覗いていた。

その色合いは妙に薄く今にも消え入りそうであったが、顔面を何かでざくざくに引き裂かれた様ははっきりと分かる。さらに、おかっぱ頭の前髪から垣間見える眼には、異様なほどの恨み辛みが感じ取れる。

だが、そのような情念は、彼の心にはこれっぽっちも響かなかった。

「そりゃね、辛い人を見たら一緒に泣いてあげたいのは山々だけど。オラァ、どん底を知っているんだよ。ここまで堕ちられるのかって程のことも、お腹一杯になるほど体験してるし、さ。もうね、ちょっとやそっとじゃ、もうどうにもならないんだよ。うん、申し訳ないけど」

そのような彼の心情を察知したのか、幼女の顔はあっという間に闇に溶け込んで消えてしまった。

「でも、よく分からないんだよね。オラァのとこに出てきても何もしてあげられないのにさ。何で、何度も何度も出てくるんだろう」

　話を聞くと、あの日から今に至るまで、現れない週はない、といっていいほど頻繁に目撃するようになった。

「んでさ。ここからが重要なんだけど。オラァ、こう呼んでるんだ、あいつらのこと。三段逆スライド方式、って」

　大道さんはどことなく得意げな表情で、こう言った。

「ほら、今は知らんけど昔あっただろ。どっかの温泉旅館のコマーシャルでよ。あれを急に思い出してなァ。一番おっかないのが必ず最初でさ、次はそうでもなくて、そして最後は怖さなんて全く感じないからさ」

　そう言いながら、彼はうんうんと頷いている。

　三段逆スライド方式とは、某温泉旅館に備えてある釣り堀のシステムのことだと思われる。一般的にこういった釣り堀では釣った魚は買い取る必要があるが、釣り上げた魚の数量で、一匹当たりの単価が三段階で安くなっていく。即ち、釣れば釣るほど安くなる、といった意味である。

　ということは、彼が言いたいのは恐らく、怪異が三段階で怖くなくなっている、とのことなのか。

すると、彼にとって一番厭なのは壁を引っ掻く音で、次に女性の悲痛な呻き声、最後に顔面を引き裂かれた女児の霊、ということになる。

「なっ！　そんな感じだろ！」

私には、その怖さの順位付けはいかがなものであろうか、としか言いようがない。

その命名は、果たして適切なのであろうか。

エコバッグ

大学生の淵上さんは、住んでいるアパートの近くにあるスーパーでバイトをしている。

勿論日中は講義があるので、夕方以降の短時間のみ働いていた。

もうすぐ師走を迎えようとしている、とある平日の夕刻。

缶詰類の品出しをしていたときのこと。

彼のすぐ側で商品を手に取って物色している、見窄らしい格好をしたお婆さんのことが何故か気になった。

ここで働き始めてもう半年以上は経過していたが、初めて見る顔である。

右手で缶詰を手に取り、左手には珍妙な模様が描かれたエコバッグを持っている。

素材は白い布製らしかったが、正面に描かれているのは、〈顔は人間の女性で身体は蛇〉といった不気味な生き物であった。

「……確か、濡れ女でしたっけ。あんな感じです。大分前に何かの本に載っていたことがあったんで覚えているんですが、あまり詳しくは分からないです」

だが、問題なのはそのデザインではない。

何が入っているのかは見当も付かないが、そのバッグはパンパンに膨れ上がっていたのである。

「しかも、それだけじゃないんです」

よく見ると、バッグの底が朱《あか》いもので濡れて変色しており、その液体がぽたりぽたりと
垂れていたのだ。

たとえこの店で購入したものではないにせよ、恐らくバッグに入れた肉か魚の汁が漏れ
てしまったのであろう。

親切心から、咄嗟に声を掛ける。

「お客様、お客様。ほら、バッグから何か垂れていますよ」

しかし、お婆さんはこちらの声が一切聞こえないようで、ぶつぶつ独り言を言いながら
缶詰を手に取っている。

「……あのォ、お客様？」

何回か話しかけたが、返事は一切ない。

一瞬ムッとしたことは確かだが、アルバイトの身としてはこれ以上は強く言えず、かと
いって社員を呼んでくるほどのことではないと判断した。

恐らく、認知症か何かの病気なのであろう。まあ、仕方がない。床は掃除すればいいだけだし、本人が納得していればエコバッグが汚れても別に問題ないのかもしれない。

淵上さんは頭を軽く左右に振りながら、品出しに戻ろうとした。

だが、あくまでも好奇心から、仕事に戻る際の通りすがりに、エコバッグの中身をチラ見した。

「……ん？」

パッと見た感じ、白っぽい布でぐるぐる巻きにされた丸っこいものが入っている。

その布は所々朱に染まっており、確かにこれではバッグの下から滴り落ちるのも無理はない。

しかし、一体全体。中身は何なのだろうか。

ひょっとして季節外れの西瓜《すいか》なのかもしれない。その高価な果物が割れてしまって、已むなく白い布で巻いているのではないだろうか。

そう思い立った瞬間、思わずプッと吹き出した。

いやいやいや、そんな馬鹿なことはあるまい。

割れた西瓜を布の類で補修するなんて、見たことも聞いたこともない。

だが、だとしたら。

違うとしたら、一体何だというのか。

淵上さんの頭の中はあっという間に、好奇心で埋め尽くされてしまった。

気になる。

どうしても、気になる。

この衝動には、どうしても抗うことができない。

彼は一生懸命仕事をする振りをして、次から次へと商品を物色しているお婆さんの側に立った。

そして目線を下に遣って、バッグの中身をじっくりと拝むことにしたのである。

視線を落としたその瞬間、意図せず口からひゃっと悲鳴が飛び出た。

白い布は、まさしく包帯であった。

しかも中身の丸っこい何かから、朱色の液体がじわりじわりと滲《にじ》み出ている。

いやいやいや、ヤバイでしょ。コレ。

どう良いほうに考えても、最悪の事態しか思い浮かばない。

淵上さんは全身の震えを隠すことなく、老婆の側から即座に離れると、脱兎の如くバックルームへと逃げていった。

それから数日後の日曜日。

淵上さんが今度はサービス用の段ボールの整理整頓をしていると、またしても濡れ女のエコバッグを持ったお婆さんが現れ、いつの間にか目の前に立っていた。

ただし、前回とは別人である。

しかしながら、左手のエコバッグはやはりパンパンに膨らんでいるし、相も変わらず底からは朱色の液体を垂らしている。

彼女は会計が終わったらしくサッカー台の辺りに佇んでいたが、ふと何かが気になったようで、急に踵を返した。

そしてエコバッグをサッカー台に置いたまま、レシートを手に持って、一生懸命レジ打ちに勤しんでいる女性店員に話しかけたのである。

レジにはたくさんの人達がずらりと並んでいた。

できるだけ早くこの行列を解消しようと作業をしていたが、それを中断されて、レジ打ちの女性店員は語気が少々荒めになりながらも、優しく対応をしている。

恐らく、買った商品に割り引きシールが貼られているのにも拘らず、割り引きがされていないといった類のクレームであろう。

淵上さんは、これは良い機会を得たとばかりに、そそくさとサッカー台へと近づくと、周囲の目を気にしながらもエコバッグを大胆に開いて、中身に視線を遣った。

「うっ！」

またしても意図せず、喉の奥底から悲鳴が漏れ出した。

それもそのはず。

エコバッグの中には、見知らぬ中年男性の頭部だけが、無造作に収容されていたのだ。

頭髪は大分薄くなっているせいでかなりの割合で皮膚が露わになっており、日に焼けた肌は吹き出物だらけで異様にカサついている。

細いペンで書いたような薄っぺらい口角はだらしなく下がっており、糸のような両目とあいまって、妙に情けない顔つきをしている。

それに相反するかのように物凄く立派な鷲鼻《わしばな》は、毛穴が異常に目立っており、まるで傷んだ苺のように不気味に赤黒い。

勿論、美容学校で使うようなマネキンの頭では決してない。

何処からどう見ても間違いない。明らかに、中年男性の頭部である。

驚愕の余り絶句して動けなくなった淵上さんは、まるで酸欠状態の金魚のように口をパクパクとしている。

すると、その生首はうっすらと目を開けた。

そして荒れ果てた薄い口唇を奇妙に歪めつつ、上目遣いの糸目を誇示しながらこう言った。

「お姉ェちゃん？　お姉ェちゃんなんでしょっ？」

その声はまさしく中年男性の濁声で、煙草臭い口臭が周囲に漂った。

そこから先は余り覚えていない。

とりあえず店長や上司には何も告げないまま、即行で帰宅したことだけは覚えている。

勿論、二度とあのスーパーには近寄りたくもなかったし、あんな体験は二度と御免であった。

友人に頼み込んで、エプロンの返却と私物の引き取りをしてもらって、すぐに辞めることになった。

「もうね、スーパーだけじゃないんですよ。大勢の人が集まる店内、全てが怖いんですよ」

だが、暫くした後。

付き合い始めた彼女にお願いされて、お目当てのアルコール飲料を買うために、若干遠目のスーパーまで買い物に行ったときのこと。

多分もう大丈夫だろう、などと軽く考えていたこと自体が甘かったとしか言いようがない。

全く違う店なのにも拘らず、またしても見かけてしまったのだ。

あの不気味なエコバッグを持った、小汚い格好をした老婆の姿を。

勿論、今までの二人とは髪型や顔形、背格好まで全く違っていた。

「……あの。やっぱり、滴らせていましたか。その、何というか、朱いものを」

耐えきれなくなった私の問いに、彼は無言で頷いた。

口癖

小谷さんは五十代の会社員である。

若い頃から仕事が終わったらすぐに帰宅し、ほぼ毎日寄り道もせず奥さんの待つ自宅に帰ることを常としていた。

時代といえばそれまでではあるが、当時は付き合いが悪いと同僚達にあることないこと言われていたという。

しかしながら、実直な性格でコツコツと働くことを当然だと思っていたので、同僚達に幾ら揶揄《やゆ》されても気にならなかった。

生活基盤を早く固定させたい、との思いで一軒家を購入したのは、二十代前半であった。

駅から徒歩十数分の適距離で、こぢんまりとした建て売り家屋であったが、小さいながらも部屋数も多く、子供ができたときにも問題なく育てられるはずであった。

学生時代に知り合った奥さんとは三十年程苦楽を共にしながら、一生懸命支え合って暮らしてきた。

結局子宝を授かることはなかったが、それでも二人で暮らしてきたからこそその幸せを、十分に噛みしめていたのである。

自宅は車通りの激しい大通りに面していたが、東側には薄暗い小道がある。

自宅の居間から見えるその径は、勿論自動車は通ることができないが、歩行者や自転車は辛うじて通ることができる。

いつ頃からなのかははっきりと覚えていないが、その居間から垣間見える小道を眺めるときの、奥さんの態度が気になり始めた。

妙に見ること自体を避けるような素振りをするし、何かの拍子に目を向けたときも、まるで嫌なモノでもいたかのように表情を歪めることが多々あるのだ。

「いや、何かが見えるとかそういうのじゃなくて。彼女は別に霊能者でも何でもないんで。ただ……」

どうしたのかと訊ねても、彼女は軽く首を振るだけで、そのことに関しては一切口を噤んでいた。

「それ以上は、どうにも聞けなくて……」

まあ、些細なことに過ぎないのではないか、と楽観視する他なかった。

ある晩のこと。

中秋の名月らしく、見事な月を窓から眺めながら、二人で月見酒を楽しんでいた。

日頃はあまり飲まない二人だったので、大層珍しい夜であった。

ただ、二人ともアルコールには滅法弱かったので、度数の低い酒をほんの少し飲んだだけで、上機嫌になっていた。

すると、今しがたまでほろ酔い加減で陽気に笑っていた奥さんが、何げなく件《くだん》の小道へと目を遣る。

その直後、いきなり黙りこくった。

先程まで紅潮していた顔色が、一気に青ざめている。

そして、急に真顔になってこう言った。

「ねえ。私が死んだら、この家は売ってしまって。そして、お願いだから。お願いだから、違う土地で暮らして頂戴ね」

彼の目をまっすぐに見つめながら、心持ち強い口調でそうはっきりと口にする。

初めは冗談かと思って軽く受け流していたが、彼女の口調からどうやらそうではないと気付くまでに、そう時間は掛からなかった。

「ああ、はいはい。分かりましたよ」

渋々肯定するが、そんないい加減な返事では納得できないのか、あまりにも何回もしつこく口にするので、思わず激昂《げっこう》してこう言い放った。

「お前！　い、いい加減にしろよっ！　か、軽々しく死ぬなんて言いやがって。大体、な、な、何でお前が先に死ぬんだよ。どう考えてもオレがさ、先だろっ！」

怒りの余り、言葉が上手く口から出てこない。

〈あの、道か。またしても、あの糞ったれの小道のせいなのか〉

「お、お前っ！　あ、あんな細い道に、一体何があるっていうんだ。ええ、い、言ってみろ！」

顔面を紅潮しつつややどもりながら、つい気にしていたことを言ってしまった。

彼女は夫の剣幕に少しも臆することなく、相変わらず彼の目を真正面から見つめながら、小道のことには一切触れることなく、やや冷たい口調で静かに言った。

「……いいえ。私が先なの。絶対に」

その日を境に、「ねえ。私が死んだら……」の下りは彼女の口癖になってしまったようだ。

何かに付けて頻繁に口にするようになったが、慣れとは恐ろしいものである。

初めの頃はともかく、彼女がそのことを口に出す回数が増えるたびに、不思議と気にも留めなくなっていく。

そのような理由で、この件は夫婦生活にとりわけ痼《しこ》りになるようなこともなく、彼ら二人は普段通りの生活を送っていた。

例えば、夕食後の団欒《だんらん》のとき。

相も変わらず、時折ギョッとしたような表情で彼女が小道を睨んでいることがあったが、慣れてしまえば気にもならない。

何かを目撃して酷く驚いているときも、別に気にも留めなくなっていた。

何故なら、自分には何も見えないからにほかならない。

彼女もそのことに関して、特に何も言わなかった。

そんな、今まで通りの生活をごく普通に送っていた頃。

とある晩夏の季節、休日に遅い朝食を摂っていると、突如彼女が椅子から転げ落ちた。

そのときの状況は、まるでスローモーションの動画のように、今でも心にしっかりと焼き付いている。

ふと、彼女の視線が窓の方向へと動く。そして、何かを目撃して酷く驚愕したような表情を瞬時に見せたかと思うと、いきなり胸の辺りを両手で押さえて、そのまま椅子から転がり落ちる。

無防備な頭部が床のフローリングに激しく叩き付けられ、鈍くくぐもった音を発する。

そして、そのまま、彼女は微動だにしない。

さっきまで元気だった彼女の身体が、まるで嘘のようにピクリとも動かない。

その有様を目にしても、まるで蜘蛛の糸に絡め捕られてしまったかのように、小谷さんはその場から動くことができないでいた。

「死因は頭を強く打ったせいじゃないんですが……とにかく、ほぼ即死の状態だったみたいです。あまり苦しまなくて逝けたんですから、きっと良かったんですよ」

そう嘯《うそぶ》く彼の両目は、いつの間にか湧き出たのか、溢れんばかりの涙で一杯になっていた。

「……正直にいいますと」

彼女が亡くなってから、小谷さんはただ生きるだけの人間になってしまったようである。

「……恐らく、生きる望みを失ったんでしょうね。アイツがいなければ、オレなんて生きていても仕方がない、って」

起きて働いて寝て起きて。呼吸が止まっていないから、活動しているだけ。二人でいるときは美味しいものを探して仲良く出掛けていたのに、今ではただ単に栄養を補給する目的で摂取するのみ。

暫くの間、そんな毎日を送っていたところ、彼の身に異変が生じたのである。

今まで見えなかったものをこの家で見かけるようになったのだ。


初めてそれを見かけたときは、真っ先に自分の精神状態を疑った。

通勤前、朝食のオートミールを無理矢理胃に流し込んでいたとき。

何処からともなく、何とも表現のしようもない、何かに監視されているかのような、異様な視線を感じる。

慌ててあちらこちらに視線を遣ったところ、漸く場所が分かった。

やはり、例の小道である。そこに面している窓から、強烈な視線を感じるのだ。

そのとき、猛烈な怒りが彼の心を埋め尽くした。

〈ふざけるな。一体、オレ達が何をしたというのだ〉

怒りの形相で視線を窓に向けたところ、まるでガラス窓を通り抜けるようにして、全身真っ黒な子供がいきなり部屋の中に入ってきた。

瞬時に、血圧が一気に上がった。

すぐに飛び掛かろうと思ったが、一体どういった訳か、その唐突に現れた闖入者《ちんにゅうしゃ》に対して身体が全く反応しない。

黒い子供は居間を縦横無尽に駆け巡りながら、時折テーブルに備え付けの椅子の前で動きを止める。

そしてくんくんとまるで犬のように臭いを嗅ぐと、まるでその持ち主を探すかのように周囲を見回す仕草をする。

亡き妻が愛用していた、椅子を。

怒りの余り気が遠くなりそうであったが、身体はピクリとも動かない。

実に悔しいが、奴の一挙手一投足を見ることしかできない自分が、酷く腹立たしかった。

そして、いつの間にか奴の姿が見えなくなるまで、彼は我慢するしかできなかったのである。


そのようなことが毎日のように起きていたせいかどうかは分からない。

ただ、間もなく、小谷さんは身体の調子を崩してしまい、会社を休みがちになっていった。

そして、精神的にも経済的にも追い詰められてしまったのであろうか。

「やっぱり、できるだけ早く家を処分するべきだったんですよ。あいつの言うことはね、いつも正しいんですよ。間違ったことなんて、今まで一度もないんですよ」

小谷さんは、亡き妻との思い出がたくさん詰まったこの家を処分して、引っ越すことに決めたのである。


その言葉が、小谷さんから直接聞いた最後の言葉になってしまった。

彼の知り合いに聞いた話によると、あれから間もなく、彼の自宅は全焼してしまった。

そして周囲の願いもむなしく、彼は焼け跡から焼死体で発見された。

人伝の噂によるとどうやら寝煙草が原因らしかったが、私の知っている彼は喫煙者ではなかったし、身体から煙草の臭いは一切しなかった。

だが、最早そんなことはどうでも良かった。

彼ら夫婦の御冥福を、心より祈るのみである。

散歩道

秋本さんは長年勤めてきた会社を定年退職した後、運動量が減ってしまったのかめっきりと肥えてしまっていた。

これではいかんとテレビショッピングで簡単に痩せる、らしきグッズをアレコレ試してはみたものの、体重は減るどころかむしろ増える始末。

そこで定期的に通院している病院の主治医に相談したところ、ウォーキングを薦められた。

「今回もすぐに飽きちまうんだろうなァ、なんて思ってたんだけど……」

この運動は、彼に向いていたらしい。

一時間程度の軽い運動だったのが功を奏したのであろうか。今までのようにすぐに飽きることなく、むしろ朝晩のウォーキングが楽しみで仕方がなくなってしまい、充実した毎日を送っていた。

天候次第で歩く距離を伸ばしたり縮めたりして臨機応変に対応しながら、毎日歩くことに精を出していた。

「コースは時々変えたりしてるけど、やっぱり川沿いがいいねェ。何せ、車が通らないし、風景が実に美しい」

よく通る声で話しながら、溌剌《はつらつ》とした笑顔を見せていたが、いきなり声のトーンが低くなった。

「……川沿いにね、おかしな家があるんだけど。そこで、ねェ」

秋本さんの自宅から南西に向かって歩いていくと、某一級河川に突き当たる。その川沿いに、お洒落な豪邸がいつの間にか建っていたのである。

「コロニアル様式って言うんかねェ、確か。あの洒落た洋館みたいな感じの家は」

川沿いの道から垣間見える、ベランダの手摺りや外灯に至るまで、家主の奇抜なセンスと途方もない経済力が感じられる建築であった。

ここ数日は毎日のようにこの道を歩いているのにも拘らず、あのような建物が建っていることに、たった今初めて気が付いたのだ。

確かにあの辺りは道側から藪が続いていて見え難かった可能性も考えられるが、それでもあんな立派な建物の一角すら目に入らなかったのはどう考えてもおかしい。

おかしいけれども、恐らく何でもないのであろう。

しかし、あんなに素晴らしい物件はここ暫く見たことがない。

小休止しながら惚《ほう》けたように見物していると、あることに気が付いた。

あの家からは、生活感といったものが微塵も感じ取れないのだ。

お洒落なベランダの下に、大きな窓が見通せるが、そこには家具はおろかカーテンすらも備わっていなかった。

勿論人の姿も、何処にも見えない。

まあ、これから引っ越してくるとは思うのだが、それにしても。

何か納得がいかなかったが、ウォーキングへと戻ることにした。

この日以来、あの建物を見物することも、彼の日課に加わったのである。


ある日の夕刻。

間もなく陽は落ちようとしていたが、気温は日中と変わらず三十度をいつまでも保っている。

こりゃ、あまり歩けないかもな。そう思いつつ、とりあえずいつものコースを歩み始める。

ほんの数分経っただけで、あっという間に額から汗が湧き出てしまう。

タオルで額から滴るものをせっせと拭いながら、川沿いの道へと入っていく。

そして、歩き始めて暫く経過した頃、いつもの場所に差し掛かった。当然の如く立ち止まって、あの豪邸へと視線を向けた、そのとき。

何やら人影のようなものが、大きな窓から垣間見えた。

「あっ、人だ！　やっとこさ現れたよ、お大尽様が」

思わず、そう口に出す。

一体、どのようなお金持ちがあの家に住んでいるのだろうか。

そう思うと我慢できずにウォーキングはそっちのけで、例の窓をじっと見つめた。

「……ん？　住んでる人、じゃないだろ？　何だい、ありゃぁ」

確かに、人影に間違いはない。

ところが、あまりにも小さすぎるのだ。

どう見ても、五、六歳位にしか見えない人影らしきものが二体、部屋の中を縦横無尽に動き回っている。

子供の影かと一瞬思ったが、その人間離れしている動きの素早さや仕草から、とてもじゃないがそうは思えなくなってきた。

まるで魅入られたかのように凝視していると、その二体はまるでお互いに身体を絡ませるようにしながら踊り始めた。

両手を頭の上へ押し上げて、足の辺りまでゆっくりと下ろす。それを数回繰り返した後、今度はお互いに腕を組みながら、更に数回転して、床に跪《ひざまず》く。

まるで何かの儀式を行っているかのように、真っ黒な二体は踊り続ける。

「……ん、ちょっと待てよ」

いつの間にか、辺りは夕闇に包まれている。

このような状態で、どうして部屋の中があんなにはっきり見えるのか。辺りはこんなに暗くて、部屋の照明も一切点っていない。

あっという間に、血の気が引いていく。

秋本さんは何も言わずに例の窓から視線を逸らすと、脱兎の如くその場から走り去った。


自宅に戻って一息入れながら、色々と考えてみた。

まず第一に、川沿いの道は車両通行禁止のため、あの家の入り口は川沿いとは逆側にあるはず。

となると当然逆側から行く必要があるのだが、自分の記憶ではあの辺りは確か……。

秋本さんは翌朝に確認してみることにした。

実際に川の逆側から例の豪邸を探してみたが、記憶の通りに荒れ果てた雑木林が鬱蒼と茂っており、とてもじゃないが近寄れない。

いっそのこと諦めようかと思ったが、どうしても気になる。

秋本さんは意を決して、必死に藪漕ぎをしながら目的地へと向かって歩き始めた。

藪の深さが予想以上であったため何度も挫《くじ》けそうになったが、身体の至る所を虫に食われながらも、やっとのことで辿り着くことができた。

しかし、目の前に広がる屋敷は何処からどう見ても新築のそれではなかった。

壁は蔓《つる》植物に侵蝕されて、玄関の辺りには立派な竹が何本も、地下から天井に向かって貫いている。

物件の位置や形、そして壁や屋根の色から判断するに、川沿いから見えるあの豪邸に間違いはない。

けれど、眼前に見えるそれは、明らかに廃屋であると思われる。

いや、断言できる。これは、もう、人が住める状態ではない。

訳が分からず、辺りに視線を巡らせる。

玄関の向かって右側辺りに、半分ほど割れた姿見が転がっていた。

しかも、その鏡面にはお札らしきものがびっしりと貼ってある。

その鏡の割れた部分から、真っ黒い液体のようなものが、一滴一滴、ゆっくりとながらも絶え間なく滴り続けている。

それを見た瞬間、秋本さんの背中にぶわっと汗が滲み出てきた。

心臓の動きが一気に加速され、息苦しさすら覚え始めた頃。

どす黒い液体が染みた地面が、子供の背丈程に、いきなり盛り上がった。

その時点で、もう限界であった。

秋本さんはあれこれ考えることもなく、藪の中へ向かって一気に駆けていったのである。

川沿いの道が秋本さんの散歩コースから外されたことは、最早言うまでもないであろう。

ズック

東北出身の峰岸さんは就職氷河期世代である。所謂ロストジェネレーション世代とも言われる。

上京してそこそこ名の知れた大学を出たものの就職に失敗して、食い繋ぐために非正規雇用の派遣社員として働かざるを得なかった。

やがて時を経て雇用環境も多少は改善されたので、仕事の合間を利用して幾度となく正社員の職に応募する毎日を送っていたが、時既に遅かった。

書類のみで選考から弾かれ、時折稀《まれ》にやってくる面接の機会も、手応えは相当あっても落とされる、といったことが続いていた。

ここまで来ると、ひょっとして面接に呼ばれたのは、人事担当者の嗜虐心《しぎゃく》を満足させるためだけの標的にされたに過ぎないのではないかとさえ、勘ぐってしまうほどである。

何故なら、人格否定や嫌がらせ行為などの圧迫面接の連続だったからにほかならない。

応募した会社数は大中小問わず優に数百を超え、身の回りのものを細々と金に換えながら、提出する履歴書の郵送料や写真代等を捻出していた。

朝から晩まで必死で働いても、ある程度の金額を田舎に住む年老いた母親への仕送りにすると、家賃を除いては手元に殆ど残らない。

考え得る限り徹底的に節約しても、社会保険料や住民税等の負担が重く圧し掛かり、とてもじゃないがそれすらまともに払うことができずに、毎回頭を下げて分納で納付していた。

当然の如く公共料金の支払いも遅れがちになってしまい、三カ月滞納で漸く停止される水道以外は、ほぼ何かしらが使えない状態が続いていた。

そのような状況下で、早朝に家を出ては満員電車に揺られて、終電間際まで働いてはまた満員電車に揺られる。

四畳半一間の安アパートは、唯々《ただただ》短時間寝るためだけの場所と化し、人が生きていくために最低限必要な生理現象以外には、ただ働くことしかできない生活に追い込まれていた。

そんなとき、卒業以来繋がりを失っていた高校時代の恩師から、珍しく封書が郵送されてきた。

そこに書かれていたのは、簡単な近況報告と唯一の親友だった杉下の訃報であった。

思わず何度も見返したが、あの恩師が嘘を吐くはずがない。

間違いない。この手紙が述べるように、杉下は自ずから命を絶ってしまったのだ。

「あああああああっ！」

思わずそう声に出した後、深く長い溜め息を吐いた。

日々の慌ただしさに忙殺されて、あんなに仲が良かった彼とも殆ど連絡を取っていなかったことに、この期に及んで気が付いたのである。

もう寝なければならない時間にも拘らず、峰岸さんは暫くの間呆然としていた。

自分が何をすべきなのかも全く思い浮かばずに、だらしなく半口を開けて、唯々呆ける他なかった。

あんなに優秀で優しい奴が、一体何故このようなことになってしまったのか。

いても立ってもいられなくなって、峰岸さんは公衆電話へと向かって玄関を飛び出した。

高校時代から成績優秀だった杉下は国立大学を卒業後、有名な証券会社へと入社した。

その頃からであろうか、彼からの連絡がいきなり途絶えてしまったのは。

さらに、峰岸さん自身も想像以上の激務に身も心も疲れ果てて、彼に連絡するような状況下ではなかったことも確かである。

結局、二人が連絡を取り合うことはなくなってしまった。

何故なら、杉下は会社からの酷いパワハラとノルマで精神を破壊されて、まるで逃げるように退社していた。

その後は実家へと戻って、つい最近まで引き籠もり同様の生活を送っていたという。

しかし、彼の精神が回復することはなかった。

いきなり自宅を飛び出すと、そのまま北関東の某所へと向かったのである。

そして、恐らく縁もゆかりもない林のような場所で、一人寂しく縊死したとのことであった。


電話口の恩師からそのような事実を知らされて、彼は思わず号泣した。

「……って、オメエはいづこっちに来るんだ？　葬式の前に一回会って話すべ」

その言葉を聞くなり、峰岸さんの頭の中は真っ白になってしまった。

勿論、今すぐにでも地元に帰りたい。そして葬式にも出席して、あいつを心から弔ってやりたい。

ところが、今の自分には地元まで帰る時間も交通費もなかったのである。

恩師の言葉に暫く何も言えなかったが、少々間を置いて、漸く喉の奥底から絞り出した。

「……はい。何とか戻るんで、ええ。はい。また連絡します」

費用に関しては、勿論誰かに借りる他なかった。

といっても金の貸し借りをするような人物は近くに存在しないため、高利で借りる選択肢しか残されていなかった。

返済に相当苦労することは火を見るよりも明らかであったが、とにかく何とかするしかない。

あとは、時間である。

貯まりに貯まった有給休暇を取得できないかと、何度も頭を下げながら低姿勢で、派遣元の社員にその旨を伝えた。

「ふーん、でも。それって、会社の業務を休む理由にはならないよね」

まるで木で鼻を括るように、自分より一回り以上も年下の社員にはっきりとそう言われた。

そのとき、峰岸さんは自分の身分というモノを理解したのである。

さらに、畳み掛けるようにこうも言われた。

「有給？　そんなもの、アナタが取れると思ってるの？」

ここで言い返すのは簡単である。しかし、言い返した結果を考えると、彼には何もできなかった。

この仕事を失ったら、これからどうすればいいのか。

ほぼ確実に長期間無職になってしまうし、田舎に一人で暮らしている母親に仕送りすることができなくなってしまう。

そういった葛藤で苦しんでいる彼を見て、社員は薄っぺらい唇を醜く歪めながら、ニヤリと笑いつつこう言った。

「別に辞めてもいいんですよ。アナタの代わりは幾らでもいるから、ね」

ああ、アイツはこちらの苦境を分かってて、敢えて楽しんでいるんだ。

そう思い至った途端、峰岸さんは心から呪った。

あの社員は勿論、あの会社に関わる全ての者達を。自分を否定した、全ての者達を。

彼の精神と身体に異変が生じてきたのは、この頃からである。

翌朝、いつも通り通勤しようとしたが、身体が酷い拒否反応を起こしてしまったのか、部屋から一歩も出られなくなってしまったのだ。

夏の暑い盛りにも拘らず、身体ががくがくと震えだし、目の前がぐるりぐるりと回り出している。

何とか頑張って会社に電話をしようとしたが、家の電話は料金未納で数カ月前に止められており、外に出なければどうにもならない。

もう、彼にはどうすることもできなかった。

ガスと電気は既に止められていたが、水道だけはまだ無事である。

そして、運が良かったのか、五キロ入りの袋に入った食塩をついこの間買ったばかりであった。

部屋から一歩も出ることができなくなった状態で、水と塩を舐め続けて、何とか生きることだけはすることにした。

おおよそ三日目辺りまでは空腹で気が狂いそうであったが、それさえ過ぎ去れば楽になっていった。仕組みは分からないが、何となく頭と身体が軽くなったような気がしてきたのである。

むしろ、何処となく高揚感がある。頭の中もぐるぐる回って、ナチュラルハイの状態が継続している。そのような得体の知れない多幸感すら感じ始めていた。

〈もう、このままでいい。このまま旅立てるなら、そのほうがいい〉

〈こんな腐った人生、最早どうでもいい〉

〈死んでしまえ。お前ら全員、苦しんで死ねっ！〉

そんな負の感情に身も心も支配されてしまい、ついにはケタケタと笑いながら、裸体で室内をぐるぐる走り回っていた。

あまりにもうるさすぎたのか、二階の住人から時折発せられる怒号も、実に心地良い。

そんなときである。

つじりりりいんっ……つじりりりりいんっ……つじりりりりいんっ……。

突然、電話が鳴った。

数カ月ぶりのことだったので不思議に思ったが、どうでも良かったので初めは出る気が一切起きなかった。

どうせ何か売りつけて、オレを騙す気なんだろ。そんなにオレを馬鹿にしたいのか。

そう思うと頭に一気に血が上ったのか、一向に鳴り止まない電話に酷く激昂して、激しく受話器を引っ手繰って耳に当てた。

一瞬の間を置いて、電話の主はこう言った。

「ズック、持ってきたが？」

その声を聞いた瞬間、全身に鳥肌が立って、心臓が早鐘を打ち始める。

「なァ、おい。ズック、持ってきたが？」

間違いない。ついこの間自殺した、親友の声であった。

しかも、二人にしか分からない、この言葉。

遥か昔に、アニメか何かでやっていたギャグからヒントを得て、二人で使い出した挨拶のようなもの。

二人以外に、誰も知るはずがない。

「ズック、持ってきたが？」

懐かしい、今は亡き友の声が聞こえてくる。

峰岸さんは顔面を涙と鼻水と涎《よだれ》でぐちゃぐちゃに濡らしながら、絞り出した。

「……いやあ、まだ忘《わす》っちゃず」

そう返すなり、その場で号泣し始めた。

そして、心の中に堆積していたものを、万感の思いを本能の赴くまま、その全てを吐き出したのだ。

電話口からは何も聞こえてこない。本当の静寂だけが聞こえてくるが、もう十分であった。

その瞬間から、峰岸さんは心に決めた。

幾ら醜くても、幾らみっともなく地べたに這い蹲《つくば》っても、貪欲に生きてやろうと。

それが自分をここまで追い詰めた奴らにとっての復讐になるに違いない。

そして自分を救ってくれたアイツへの餞《はなむけ》になると、固く信じていたからにほかならない。

あの信じられないような出来事から、相当な月日が経っていた。

峰岸さんも最早、五十路を迎えようとする年齢になった。

しかし、そこそこまともな生活を毎日送っているし、あの日以来一度も人生に対して投げやりにはなっていない。

「勿論、アイツと約束したからね」

そうは言っても、一旦底まで堕ちてしまった人間は、なかなか這い上がることができないのが世の常。

「……うん、そう。今の会社に拾われたこと自体、幸運が重なっただけなんで。オレの力だけでは絶対に無理だったと思う」

額の汗をハンカチで拭きつつ、恥ずかしそうに俯いている彼に、とある質問をすることにした。

ここだけがどうにも引っ掛かって、気になって仕方がなかったからである。

「……あの、杉下さんから電話を貰ったことなんですが」

その言葉を聞くなり、彼は頭を大仰に振りながらこちらの言葉を制して、こう言った。

「ああ、あれね。電話の件ね。言っても信じるはずがないと思ったから言わなかったけど……」

どことなく懐かしそうな表情をしながら、続ける。

「勿論、大分前に料金未納で止められていましたよ。でも……」

電話が掛かってきたことに間違いはない、と彼は断言した。

「アイツが助けてくれたんですよ。だって、止められた電話に掛けてくれるなんて、ねェ？」

彼はそう言うと、大粒の涙をぼろぼろと溢《こぼ》しながら、必死の形相でぎこちなく笑みを浮かべようとしていた。

因果

原さんは二十代のシングルマザーである。

旦那さんとは子供が生まれた途端に別れたというから、敢えて詮索はしないが余程のことがあったと思われる。

それでも毎日仕事をしながら、必死になって子育てをこなしている。

そんな忙しい毎日を送る彼女であるが、ここ最近、間もなく三歳を迎える一人息子のジュン君に悩まされていた。

話を聞くと、近頃、異様に吐きまくるというのだ。

初めの頃は、何の前触れもなしに、突然嘔吐する。

「そう、いきなり吐くのよ、あの子。もう赤ちゃんじゃないんだから、気持ち悪いとか何とか言えばいいのにさ、なんて思ってたんだけど」

深い溜め息を吐きながら続ける。

「だって、誰だってそう思うでしょ？　猫だって吐く前は何かしらの前兆があるじゃないの。くっくっく、とか何とか儀式みたいなのやってから吐くじゃない。こっちだって色々と準備があるんだからさ、何の前触れもなしにいきなり吐かれると困っちゃうのよ」

　とはいっても、嘔吐するということは身体に何らかの異変が生じている重大な兆しなのだから、もっと深刻に考えてあげるべきなのではないのだろうか。

　何の考えもなしにそう口走った途端、彼女の目の色が変わった。どうやら、火に油を注いでしまったらしい。

「アンタ、関係ないからそんな無責任なこと言えるのよ。アタシがあの子を何回病院に連れていったと思う？　アタシがあの子のために何回お仕事を休んだと思う？」

　甲高い声で矢継ぎ早に反撃されてしまった。

「病院のお医者さんに何回説教されたと思う？　変なモノを与えるな、とか。きちんとした食事を与えてください、とか。ふざけないでよ、ちゃんとやってるに決まってるでしょ！」

　彼女は人目も憚らず、大粒の涙を流しながら号泣し始めた。

　何とか宥《なだ》めながら、落ち着きを取り戻すために目の前にあるコップの水を飲み干すよう促すが、彼女が話した内容が妙に気になって仕方がない。

「……説教って、どういうことですか？　変なモノって、一体何の話なんですか？」

　どうもよく分からない。幼児が嘔吐するのは別に珍しいことではあるまい。例えばよくあるケースがウイルス性の胃腸炎であるが、それすらも母親のせいだとでも言うのであろうか。

きーんといった高音を出しながら思い切り洟をかんだあと、漸く落ち着いたのか、原さんは少しずつ話し始めた。

異変に気が付いたのは、夕飯後に一緒にアニメを視《み》ていたときである。

二人で一緒になって笑っていたとき、何の前触れもなしにいきなり嘔吐したのだ。

びしゃっといった不快な音を立てて、二人で座っていたソファの前にあるガラステーブルの上に、若干の胃液とともに何やら丸っこいものが吐き出された。

一瞬ドキッとしたものの、すぐに片付けようと吐瀉物を雑巾で拭こうとしたとき、彼女の手が止まった。

「……ねえ、ジュン君。おまんじゅうなんて、いつ食べたの？」

先程二人で食べたのは、玉子焼きと白米、ひじきの煮物に間違いない。

しかしながら、この子がたった今胃から吐き出したものに、夕飯の痕跡はこれっぽっちも残っていない。

しかも、白っぽい生地の饅頭なんて、家の中にあるはずがないし、絶対に食べさせてもいない。

原さんは慌てふためいて、急いで息子を病院の救急外来へと連れていった。

しかし、息子の身体に問題はないようであった。

「あの、お母さん。お饅頭を与えるときは少しずつにしてくださいね。丸ごと与えるのは色々な面で危険ですよ。今後は、絶対に止めてください」

救急の医師に語気荒くそう言われて、思わず反論しようとして、その言葉が喉の奥まで出かかったが、何とか押し止めることができた。

この場で言い争っても、何の得にもならない。そう思ったからにほかならない。

「……はい」

そう一言だけ告げると、ぺこりとお辞儀をして帰宅した。


しかし、ジュン君の嘔吐はそれだけでは留まらなかった。

あるときは包み紙に入ったままのチョコレート数粒。またあるときは袋に入ったままの未開封のエイヒレ。そしてあるときは、胃液に塗れてぐちゃぐちゃになった煙草が丸ごと一本。

いずれも共通しているのは、食事を摂って間もなくであること。さらに、嘔吐物には摂ったばかりの食事の内容が一切含まれていない、ということ。

そして驚いた原さんは息子さんを救急外来に連れていくが、彼の健康には一切問題が生じておらず、全て母親の責任とばかりに、ときには糾弾されたのである。

「アタシ、本当にやってないのよ。チョコレートなんてあげたことないし、エイヒレなんて食べたこともないし。ましてや煙草なんて、今まで吸ったことがないのに。何で吐くのよ、あの子はっ！」

このようなことが続けば頭の中がぐちゃぐちゃになり、どうしたら良いか分からなくなってしまうのは火を見るより明らかである。

「……それで、もう疲れちゃって。家で息子の世話をしているとね、たまに幻覚を視ちゃうのよ」

それを最初に視たのは、ジュン君が饅頭を吐き出して、病院から帰ってきたときであった。

未だに意味がよく分からなくて、息子を寝かしつけた後、台所の椅子に座ってワインを飲んでいたとき。

視界の片隅に、小豆色の布のようなものが入ってきた。

気になって両目を瞬きながら視線を向けると、天井の隅に老婆の上半身が薄《うっす》らと浮かんでいる。

何らかの事故にでも遭ったのであろうか。頭部の右側は無残にも抉《えぐ》り取られており、両の目は赤く濁っている。

身に纏っているらしき紫色のカーディガンは、泥と血液で赤黒く染まっていた。

やがて原さんの視線に気が付いたのか、その老婆はその場からすぅと消えていなくなってしまった。


初めは疲れからくる幻覚なのであろうと結論付けていた。

アルコールには滅法強かったが、過度の疲労と併せると、あのようなとんでもないものが視えてしまうに違いない、と。

その日以降、大好きなアルコールを断ってまで、息子の世話と仕事を両立するようになった。

しかし、どうやらアルコールは無関係のようであった。

息子がチョコレートを包み紙ごと吐いたときは、顔面が半分潰れかかった中学生らしき女の子が。そしてパッケージごとのエイヒレのときは、唇と鼻が削げ落ちた大学生らしき若者が、何やら恨めしそうな表情で息子をじっと見つめていた。

そして、煙草を丸ごと一本吐き出したときは、鈍色《にびいろ》の背広を身に纏った髪の毛の薄い中年男性が、目鼻口から血を流しながら現れたのであった。

いずれもそれほど時間を置かずに消え去ったが、ここまで来ると幻覚の類であるとは到底思えない。


「アタシね、勘だけはよく当たるんだよね。仕組みはよく分からないけれど、とにかくそれだけは自信があるの」

どことなくドヤ顔をしながら、続ける。

「アタシね、すぐに電話したんだよ。勿論、あのゴミクズ以下のクソ野郎に、よ。テメエ、別れたとはいえ自分の息子が可愛くないのかよ、って」

話が見えないが、恐らく元旦那が何かをしたせいで、息子に被害が起きた、と。恐らく、そういったことではないだろうか。

「電話口で怒鳴ってやったら、あっさりと白状しやがって、あの野郎。アイツ、路上のお供え物を食ったりしていたみたい。ホント、あの腐った癖、まだ治っていなかったんだよ」

到底信じられないが、彼女の話すことことに間違いはないのであろう。

饅頭、チョコレート、エイヒレ、そして煙草。息子の口から吐き出されたそれらの名前を告げた途端、元旦那は号泣しながら白状したとのことである。

深夜だったにも拘らず、即行で謝りにいくように命令すると、彼はすぐに実行したようであった。

何故ならば、その日以降、原さんが与えていないものをジュン君が吐くことはなくなったし、何らかの事故の被害者の姿らしきものを目撃することもなくなったからである。

「ああ、嫌だ嫌だ。あんなゴミクズ野郎の血が半分入っているなんて、考えたくもない」

それでも、原さんは言った。

「この子だけは、ね。何とか幸せになってほしいんだ。私やあのゴミクズのような目には遭ってほしくない。ホント、それだけを考えて毎日を過ごしているんだよ」

でも、どうして元旦那さんの悪行が息子さんに返ってきたんでしょうね。

その問いに、彼女はやんわりと頭を左右に振りながらこう言った。

「さァ、多分、アイツ如きじゃ化けて出る価値がなかったんじゃないのかな。あんなゴミクズ野郎じゃ」

転ぶ部屋

事務員の美加さんは、長年住んでいたアパートを引き払って、かなり格安の部屋へと引っ越した。

巷の景気は改善の兆しすら見えず、会社自体も業績が芳《かんば》しくなかったため、先を見通しての決断であった。

「お給料なんてちっとも上がらないし、雀の涙のボー……じゃなかった寸志なんていつなくなるか分からないし」

そのような強い危機感を持っていたので、仕事の都合で仲良くなった小さな不動産屋の社長に、自分にぴったりの物件を紹介してもらった。

『他の住人の方にはね、絶対に家賃を言わないでくださいね。苦情が来ちゃいますんで』と言われる位に格安の物件なんですよ、と彼女は言った。

引っ越し当日は久しぶりの秋晴れが心地良い、すこぶる快適な日であった。

まるでこれからの自分を祝福してくれているようだ、と一人悦に入りながら、これまた格安で借りた軽トラックを運転し、引っ越し作業をしていた。

「大した量じゃないんでね、引っ越し業者になんて高くて頼めないわよ」

自称ミニマリストなだけあって、ほんの二往復程度でモノの移動も完了し、あとは日を改めてゆっくりやることにした。

そう思って、これから住み始める部屋をじっくりと見回り始めた。

建物自体の築年数は相当経っているはずだが、部屋の中は物凄く綺麗に清掃されていた。

小さなキッチンとユニットバスは少々使用感があったが、特に問題はない。

居間のフローリングと壁紙は全て交換したばかりのような状態で、新品特有のケミカル臭が若干残っていた。

「まあ、でも。身体には悪いかもしれないけど。嫌いじゃないんだよな、あの臭い」

そんな訳で、無事引っ越し作業も完了して、新しい住まいでの生活がいよいよ始まった。

住み始めてすぐに分かったことが一つあった。

それは、新品特有のケミカル臭に混ざって、どことなく腐敗臭のような香りが漂うことがあるのだ。

もしかして、鼠か何かが死んでいるのかもしれない。

そう思って色々調べてはみたものの、原因は全く不明であった。

ひょっとしたら、外から臭ってくるのかもしれない。遠くに畑があったりして、肥料か何かから。うん、きっとそうに違いない。

そのように信じることにした途端、不思議なものである。気にしなければ全く問題ない程度の軽微な臭いのように思えてきた。


しかし今度は、臭いとは別に、ある厄介な問題が生じてきた。

それは、生活していると、居間でやけに転ぶ、のである。

勿論、綺麗にフローリングが張られた床には突起物も何もないし、基本的に余計なモノは置いていていない。それにも拘らず、何故か転ぶ。

何もないところを歩いているだけで、突然転んでしまう。

どことなく後ろから突き飛ばされたような妙な感覚が少しだけ残るが、一人暮らしで他に誰もいないのにそのようなことはあるまい。

そう考えると、残念ながら理由は自ずから見えてくる。

恐らく、歳のせいであろう。

加齢で自分が思っているほど足が上がらなくなって、ついつい足が縺《もつ》れて転んでしまうのであろう。

しかしその説明では、他の場所でこのようなことは一切起きずに、この部屋でだけ転んでしまう理由にはならない。

でも、きっと何か科学的に証明できることに違いない。何一つ根拠がないにも拘らず、そう思うことにしていた。

だが、日が経つにつれ、転び方が段々派手になっていく。

そして、それと呼応するかのように、背中に残る妙な感覚、何者かに突き飛ばされたかのような感触が、次第にはっきりと感じられるようになった。

明らかに、二本の腕で押されているような気がするのだ。

ときには床にしたたかに頭や身体をぶつけて、それなりの打撲を負うこともあり、それ相応の危機感を覚えてはいた。

ひょっとして、この部屋には何かがあるのではないだろうか、と。

しかしながら、ここまで条件のいい物件はもう見つからないであろう。

何よりも、家賃が優先されるはず。このことにさえ目を瞑ればいいだけではないか。

そう考えて、色々と対策を練ってみたが、何の意味もなかった。

頻繁に転んで毎回のように身体を叩き付ける辺りに、クッションのようなものを置いてもみたが、何故か転ぶときにはそれが意味を為さない。

まるで自分の身体に触れるのを避けるかのように、或いはクッションが何らかの意図を持っているかのように、おかしな方向に動いてしまうのであった。

到底信じることはできないが、そのようにしか見えない。

毎日のように転びまくって、そろそろここで暮らし続けることを後悔し始めた、ある晩のこと。

開け放っていた窓を閉めようとして立ち上がったとき、案の定、派手に転んだ。

そして、いつもよりも激しく床に身体を叩き付けてしまったのだ。

背中に残る、まるで殴打を思わせるかのような激しい衝撃を確実に感じながら、顔面と前頭部を思いっきり床に打ち付けた。

その瞬間、激しい痛みとともに、まるで暗闇の中に全身が沈んでいくような、異質な感覚に囚われた。

床に倒れ伏したまま意識が朦朧《もうろう》とし始めたそのとき、何処からともなく女同士の諍《いさか》いのような声が聞こえてきた。

恐らく、中年と高齢の女性の言い争う声であろう。

中年女性の罵詈雑言《ばりぞうごん》が激しくなっていき、高齢のほうは次第に旗色が悪くなっていく。

「堪忍してけろ、な、な、な、な」

高齢女性は必死で謝っている。

「うるせえ、ババア。早く出せよっ！　ふざけんなっ！　死ぬか、おいっ！」

中年の声色は次第に甲高くなっていき、やがて絶叫へと変化していった。

その瞬間、またしても背中に強い衝撃を感じた。

そして、そのまま、美加さんの意識はより深くへと沈んでいった。

意識を取り戻したとき、辺りは朝の陽光に包まれていた。

まさか朝になっているとは、そう思いながらその場で立ち上がろうとしたが、身体が言うことを聞かない。

やっとのことで立ち上がることができたが、余りにも目眩《めまい》が酷いため、人生で初めて救急車を呼ぶことにした。

病院で点滴を受けて暫く休んだだけで、先程までの目眩は嘘のように消え去ってしまった。

会社には休む旨の連絡をしていたので、今日一日はゆっくりすることにした。

しかし、あることだけははっきりとしておきたかった。


自室に戻るなり、早速彼女は不動産屋へと電話をした。

クレームの電話をするなら、恐らくこの住まいは諦めざるを得ないだろう。そう思って逡巡したが、命あっての物種である。

最初は面倒臭そうに知らぬ存ぜぬで対応していた不動産屋も、彼女の剣幕に押されたのか、次第に無口になっていく。

それでも今自分の身に起きている現象を丁寧に説明し続けると、心変わりでもしたのか突如不動産屋の口調が変わった。

そして、とうとう、今住んでいる部屋が事故物件であることを認めたのだ。

「勿論、こっちだって訴えるつもりなんてさらさらないからね。そのことを約束したら、まるで観念したかのように渋々話してくれたんだ」

暫しの間を置いて、不動産屋は話し始めた。

曰く、前の住人は岡村という高齢の女性だったという。

余程恵まれた暮らしをしていたのか、大層お淑《しと》やかな笑顔を周りに振りまいて、他の住人達とも上手くやっていた。

恐らく年金暮らしなのであろう。他の高齢の住人のように、何処かで働いているような気配は一切なかった。

それでも生活には余裕があるようで、食事を作りすぎたり、何か送り物が届いたときには、必ず他の住人達にお裾分けをしていた。


そんな彼女が、ある日を境に、一切姿を見せなくなってしまった。

他の住人達も気にはなったが、各自自分の生活を送るので精一杯で、何かをするような余裕はなかった。

そして数週間程経った辺りで、住民の一人が我慢できなくなって、不動産屋へとクレームの電話を入れた。

「ええ。臭いって。何かが腐ったような、そんな臭いがするって」

状況確認にやってきた不動産屋は、即座に原因を発見した。岡村さんの棲んでいる部屋の擦りガラスの内側に、大量の蝿が止まっているのが見えたのだ。

状況を察知した彼はすぐさま警察に連絡し、合い鍵を使って警官と一緒に部屋へ入っていった。

「……孤独死っていうんですかね。とにかく凄かったらしいですよ。もう身体なんて殆ど見当たらない位にドロドロになっていたみたいで……」

後に娘さんらしき小太りの中年女性がやってきて、アパートの前で号泣していたらしい。

一緒に住めば良かった、そうすればこんなことにはならなかったはず、とまるで自分を責め立てるかのように。

「でもね、私にはそうは思えないんですよ。だって……」

美加さんは静かな口調で、そう言った。

そして、言葉に詰まったかのように暫しの間を置いた。

言うべきかどうか迷っているような表情を見せていたが、恐らく無意識に背中を摩《さす》りながら、ついに喉の奥から絞り出した。

「……だって……だって孤独死ってことは……病気で亡くなったたってことですよね。事件性はない、って。でも、でも。とてもそうとは思えないんですよね、私には」

クレームの甲斐あってか不動産会社の気配りか、美加さんは現在、新築同様のアパートに住んでいる。

骨

時刻は間もなく二十二時を過ぎようとしていた、夏の日のこと。

工事現場から帰宅した香本さんがアパートの自室に帰った途端、余りの有様に目を疑ってしまった。

玄関先からまっすぐに見通せる部屋のど真ん中に、立派な角を持った、白骨化した何かの頭蓋骨《ずがい》が吊してあったからである。

梱包用の紐らしきものを両方の角に掛けて、照明の根元に上手く括り付けてあった。

更にその真下のガラステーブルの真ん中辺りにも、同じように立派な角を持った頭蓋骨が乗っかっていた。

こちらの頭部は肉や皮が残っていたがすっかりミイラ化しており、のっぺりとした皮膚とまるで詰め物でもされているかのような眼窩《がんか》に、思わず顔を背けてしまった。

これらは恐らく、牡鹿《おじか》のものであろう。鋭い両角が聳え立っているその不気味なフォルムは、辺りに漂う薬臭さとあいまって、かなり不気味に思えた。

酷く驚き、そして戸惑っていたが、次第に何とも言えない恐怖感がじわりじわりと湧いてきた。

そもそも、この部屋には入居以来、一人で暮らしている。

勿論十三年近くも住んでいるので、今までに何人かはこの部屋に入れたことはあるが、それも大分前のこと。

人付き合いは苦手だったので、ここ何年かは誰も上げていない。

生活するのが精一杯で色恋沙汰には縁がなかったので、合い鍵を誰かに渡したこともない。

どうやら、不法侵入としか考えられない。もしかして、物取りか何かかもしれない。

すぐに警察へ連絡しようと一瞬考えたが、彼らに対してあまり良い思い出がなかったため、二の足を踏まざるを得ない。

そうして少し考えた後、とりあえずこの部屋からなくなったものがないかどうかを確認することにした。

しかし、彼自身、部屋にモノを置かない気質だった。

元々殺風景だった六畳一間の室内には、一見何処もおかしな点は見つからない。

しかも、十四型テレビの脇に置いてあったレターケースの中には、通帳と印鑑も残されている。

元々通帳に記載された残高は四十八円だったので、もしかしたらそのせいなのかもしれないが。

気を取り直して、彼は室内を悉《つぶさ》に確認し始めた。

その結果、なくなったものは一つもなかったが、何者かに置かれたものが幾つか見つかった。

まず第一に、押し入れの中に置かれた見知らぬお菓子の箱を発見した。

その中には様々な種類の昆虫の死骸がぎっしりと詰め込まれていた。

カブトムシやノコギリクワガタなどのお馴染みの虫だけに留まらず、タマムシやハンミョウなどの色彩豊かなものまで混じっていた。

昆虫を触ること自体は苦手ではなかったが、これだけ大量に集めてあると、さすがに薄気味悪い。

さらに、ユニットバスの狭いバスタブの中には、小動物の頭蓋骨が無造作に置かれていた。

恐らく子犬か子猫のものではないかと思われるが、あまり詳しくないので確証は全くない。

以上、頭蓋骨が三個に甲虫の死骸が大量。

これはもう、アソコに相談する他ないのではないだろうか。そうしたくはなかったが、致し方ない。

香本さんは携帯電話で渋々警察に電話を掛けたが、その対応は予想を遥かに上回るほど酷かった。

まず、被害の相談中に警官の言葉の端々から感じられることは、物凄く面倒臭いんだろうな、ということである。

さらに、部屋の中からなくなったり破損されたものが一つもなかったので、話を聞くこと自体に酷く消極的であった。

「でも、被害はなかったんでしょ？」とか「アナタねェ、誰かに合い鍵渡したの忘れてるんじゃないの」とか。

これ以上話を続けることは不可能であった。

さすがにいい加減頭にきてしまって、もうイイっす、と通話をガチャ切りした。

さて、これからどうしたものか。そうか、不動産屋に聞いてみるか。

時間が時間だったので、明日の昼休みにでも電話をすることにした。

その前に、どうしてもやらなければならないことがあった。

そう。この頭蓋骨と虫の死骸をどうするか、である。

不法投棄等といった犯罪行為だけは絶対にしたくなかった。しかし、来週後半の燃えるゴミの日に出してもいいものであろうか。

いやいや、絶対に無理であろう。

虫と小動物の頭蓋骨はゴミに混ぜてしまえば問題なさそうではあったが、問題は牡鹿のそれである。

どう考えても、このままごみ袋に入れて回収されることは無理であろう。

勿論、ある程度の大きさまで砕いてしまえば大丈夫かもしれないが、それをすること自体、物凄く嫌だった。

このような、誰が置いていったのか分からない得体の知れないモノには、ほんの少しでも触れたくはなかった。

しかし、このままにしておくことはできない。

とりあえず、何らかの目処が付くまでに、二重にしたごみ袋に入れた上で、押し入れの奥へと仕舞うことにした。


翌日の昼休み。

コンビニ弁当をあっという間に平らげてから、不動産屋に電話を掛けて相談した。

しかし、彼らも警察同様あまり聞く気がないらしかった。

さらには、今後のためにとこちらから提案した鍵の取り換えも、即座に拒否されてしまった。

「でも。でもねェ、オレが入居する前にですよ。合い鍵を作られていたんじゃないですか？」

そう訊ねてみるが、これすらも即座に否定された。

「いやいや。それは絶対にないですね。新規の入居者を募集する前には全て鍵を新しいものに交換していますので。ええ、必ず」

嘘吐けお前、と思ってはみたが、何かの証拠がある訳でもない。そこまで言われてしまったら、最早どうしようもなかった。

「まあ、御自分で替える分には何の問題もないですけど。勿論、報告はしていただかないと困りますがね」

どうして、こんなことで大枚を叩《はた》かなければならないのか。

相当腹が立って仕方がなかったが、ここは我慢するほかなかった。

自分の収入から判断して、まだまだここを出る訳にはいかなかったのである。

もしかしたら、このままアレの存在を忘れて生活できるのではないだろうか。

そう考えたこともあったが、すぐに無理だということが明らかになった。

何故なら、アレとともに住み始めて間もなく、おかしなものをこの部屋で目撃するようになったからである。

初めのうちは、気のせいだと思っていた。

仕事から帰って日本酒を飲みながらテレビを観ていると、テレビの後ろから時折黒いものが見え隠れしている。

黒くて丸っこい部分がちょくちょく現れては消え、また現れては消えていた。

タイミングを見計らって、咄嗟にテレビの後方を確認すると、ほんの一瞬だけ全身真っ黒な影のようなものが見えたのである。

すぐに消えてしまったが、絶対に間違いない。

鼠位の大きさで、全身は漆黒に染まっている。当然の如く、表面の凹凸すら一切感じられなかった。

それからは、ほぼ毎日のように黒い影が部屋中のあちらこちらで目撃されるようになる。

しかし、これだけだったらまだ耐えられたかもしれない。

それより何より、室内に保存してある食品類がよく腐るようになってしまったことが堪える。

冷蔵庫に入れておいた肉や野菜は一日も持たないし、挙げ句の果てには未開封の発泡酒を開けるとアルコールが飛んでおり、饐《す》えた臭いがしたこともあった。

冷蔵庫は確実に冷えていたが、中身にはカラフルな黴《かび》類が猛威を振るってどうしようもない。

念のために、またしても誰かが部屋に侵入した形跡がないか何度も確かめたが、そのような痕跡は一切なかった。

何故なら、家を出るときには扉全てに小さな紙片を挟んでおり、さらには破れやすい紙テープで封印まで施していたからである。

それらの状態全てから判断して、誰も侵入していないと断言できた。

とある真夏日の夜のこと。

いつも通り畳の上に敷かれている煎餅蒲団で寝ていると、あまりにも息苦しすぎて目が覚めた。

うっすらと瞼を開けた途端、恐らくあの真っ黒い影が姿を変えたのか、人型に変化した上で自分の上に馬乗りになって、首を絞めているではないか。

咄嗟に首の間に両手を突っ込んで必死に抵抗していると、いきなり手応えがなくなった。

慌てて辺りを確認してみるが、先程までいたはずの黒い人型はすっかり消えてしまった。

このようなことが、何度も何度も起きる。

もう無理だ。もう厭だ。もう耐えられない。

最近は朝早く起きること自体が難しくなってしまって、現場の仕事にしょっちゅう遅刻していた。

これ以上遅刻を繰り返すと、恐らく給料を減らされるか、馘首《かくしゅ》になってしまう。

そう考えただけで、身体が萎縮してしまって、心が痛くて耐えられない。

もしかして、このアパートから逃げ出すことが正解なのであろうか。

そうなのかもしれない。いや、きっと、そうに違いない。

もう、こんな部屋、出てってやる。

そう覚悟を決めて、仕事から戻ってきた。

すると、何処となく部屋の雰囲気がおかしい。少し経って、漸くその正体が冷蔵庫にあることに気が付いた。

冷蔵庫の扉に、見覚えのない張り紙がしてある。

そこには、まるで覚えたてのような拙《つたな》い字でこう書いてあった。

〈すいません。ひとちがいでした〉

頭の中が真っ白になってしまった。人違い、って一体何の話なのであろう。

ひょっとして。

慌てて押し入れの中を確認してみると、鹿の頭蓋と昆虫の死骸、さらには小動物の頭蓋骨、その全てがごみ袋ごと消失していた。

その日以来、あれほど頻繁にあった異様なことは、一切起きていない。

しかしながら、最早引っ越す必要がなくなったとはいえ、果たして耐えられるのであろうか。見知らぬ何者かが簡単に侵入していた、この部屋に。

これからずっと住み続けていくことができるのであろうか。いや、絶対に無理。

そのような理由で、香本さんは新しい物件を必死で探してはいるが、今現在まだ決まってはいない。

儀式

これから語られる話は、東北地方の某集落にて生まれ育った方の体験になる。

夏暑く、冬雪深い。今も昔も東北特有の四季に彩られた、とある一家の話である。

神崎さんには、母親の記憶が全くない。

彼の母親は産後間もなく失踪してしまったらしく、物心付いたときから祖父母が両親の代わりであった。

勿論父親は健在であるが、余りにも影が薄く、神崎さんに対して愛情がなかったのか、殆ど関心を示さなかった。

「本当かどうかは分かりませんが……」

彼が生まれたとき、その両掌には水掻きが付いていたという。

それは薄っすらとした膜のようで、出産時に担当した百戦錬磨の助産師すら、余りの衝撃にその場で甲高い悲鳴を上げたとのことであった。

水掻きは成長とともに自然に消えてしまったらしいが、真偽はともかく、彼は幼少の頃から祖父母にそう言われ続けてきたことは確かである。

普段は優しい祖父母であったが、時折真剣な顔をすることがある。そのときは、決まってこう言われる。

「いいか。ぜーんぶ、オメェの母親のせいだ。肝に銘じろ、な」

「オメェの母親はな、こっがら逃げたんだ。世話になった皆に後足で砂掛けで、よ」

物凄く厳しい口調でそう告げた後には、あっという間にいつも通りの優しい祖父母の顔へと戻る。

そのようなことを日々繰り返しながら、彼はその地で育っていった。

「当然、反抗的になっちゃいますよね」

相変わらず父とは接点が殆どなかったが、祖父母に対しては何らかの蟠《わだかま》りが生じてしまい、些細なことで衝突しながら暮らしていくことになる。

何とかして、この家から離れて暮らしたい。その思いだけで、苦手だった勉強も彼なりに必死で頑張ってきた。

しかしながら、その目的を達成するには学力以外にも重要なことが一つだけあった。

実質的に家の財布を握っている、祖父母の理解が必要だったのである。

何しろ、志望校は自宅から通うことがほぼ不可能であったから。

車でも二時間近く掛かるし、公共交通機関を利用しても同じかそれ以上時間が掛かる。

となると下宿しか選択肢がなくなってしまう。

勿論そういった理由で、祖父母は孫の志望校に難色を示していた。

しかし、その高校にはかなりの歴史があり、県内屈指の進学校として有名であった。

当然ながら有名大学に進学する卒業生も数多あったため、外面を気にする祖父母も渋々納得せざるを得なかった。


中学生活も残すところあと半年程度に迫った、とある夏のこと。

神崎さんは受験に備えて、夜中に勉強をしていた。

ある程度の目処が立った辺りで、何げなく時計に目を遣ると、時刻は間もなく午前零時になろうかとしている。

根を詰めすぎたので、少しリフレッシュすることにした。

彼は、夜の海岸を一人歩くのが好きだった。

仄かな月明かりのみに照らされた大海原は、行き交う波の音や砂浜を歩く音と溶け合い、何とも言えない幻想的な雰囲気を齎《もたら》している。

疲弊した目を解《ほぐ》すべくこめかみ付近を右手で揉みながら海岸沿いを歩いていると、意外なことに先客を見かけた。

何処かで見たことのある若い女の人が、真っ白い肌襦袢のみを身に纏って、素足に波を被りながらお社《やしろ》様のある方向まで歩いていたのだ。

お社様は、海岸沿いの道を北に向かって道なりに暫くいくと見えてくる。

ここいら一帯に住む者にとっては大事な神様が祀られているらしかったが、詳しくはよく分からない。

中学生がこんな夜中に一人でいるところを見られたら、面倒なことになってしまう。

咄嗟にそう判断して、たまたま近くにあった大岩の陰に隠れることにした。

〈あれ？　あの女の人は確か……〉

去年の春頃、分家へと嫁に来た人で、ついこの間お子さんを出産したばかりであった。

それにしても、妙な光景である。

先程から彼女の一挙手一投足を覗き見しているが、どう考えても異常すぎる。

若い女性が一人っきりで、しかも真夜中に、顔面を真っ赤に腫らしながら、波打ち際とお社様の道を何度も何度も往復している。

時折、半ば自嘲気味に笑っているのか、薄ら笑いのような声も聞こえてくる。

〈これは、ただごとではない〉

最早中学生がどうたらと言っている場合ではない。

「大丈夫ですか？」

そう言いながら彼女の側へと近寄った途端、狂ったような笑い声とともに、物凄い目付きで相手が睨んできた。

「おめぇ、神崎んとこの息子だべ！　おめえんとこのジジイらのせいで、こんな目に遭ってんだぁ！」

半狂乱になりながら、女は物凄い形相で掴みかかってきた。

咄嗟にその手を払いのけるが、目に入ってきた光景に思わず目を逸らしてしまう。彼女は純白の絹製らしき肌襦袢のみを着ていたが、その下には何も身に着けていなかったのだ。

「身体中の毛まで全部剃られてようっ！」

そう絶叫しながら、彼女自身の長い髪の毛をむんずと掴むと、一気に剥ぎ取った。

長く美しい髪は鬘《かつら》だったらしく、毛髪は綺麗に剃られており、露わになった頭皮は青々としている。

「ちくしょう。嫁に来ただけなのに、ちくしょう」

何を言っているのかさっぱり分からないが、自分の祖父が何らかの形で関わっていることが分かった。

身体中の力がするすると抜け去り、彼はその場でへたり込んだ。

そのとき、である。

鰯《いわし》の頭らしき干物を幾つも貼り付けたお面を被った大柄な若い衆が五、六人、何処からともなく現れ、泣き叫ぶ女を無理矢理捕まえてその口を塞いでいるではないか。

呆然としている神崎さんの耳元で、不意に声が聞こえてきた。

「ミ……ル……ナ……」

辺りに漂う猛烈な磯臭さとともに聞こえてきた、機械音声じみた甲高い声を聞いた途端、頭の中が真っ白になっていった。

何かが耳元近くにいる。その気配は感じることができるが、とてもじゃないが怖くて振り向けない。

「ミ……ル……ナ……」

またしても高濃度の磯臭さが辺りに漂い始めた。

そして、彼の記憶もここまでとなる。

翌朝自室で目覚めたとき、祖父が厭らしい笑みを浮かべながら、こう言った。

「分家のヒロコがよ、子供置いて出てったんだってよ」

　このとき彼の中で、ある決心が確固たるものになったのである。

　神崎さんは志望校へと無事合格することができた。

　そしてそのまま東京の大学へと進学して、卒業後は実家に帰ることはなかった。

　今は都内の企業で働いており、もうじき結婚する予定である。

「結局、費用に関しては父親が頑張ってくれたみたいで……」

　あんなに馬鹿にしていた父親であったが、身体を張って祖父母から神崎さんを守っていたらしい、と後に親戚がこっそりと教えてくれた。

「……でも」

　心配そうな表情をしながら、彼は言った。

「最近、祖父母からの電話が激しいんですよね。自分の番号は父にしか教えていないのに」

　でも父親が教える訳ないのに――と、ぶつぶつ言っている。

　祖父母は決まって、こう言うらしかった。

「ええ女子《おなご》ができたんだべ。連れてこいよ、な。絶対に」

　連れていける訳ないだろ、と語気を強めながら神崎さんは言った。

夜歩く

今から二十年以上前の話になる。

当時中学生だった東海林《しょうじ》さんは、翌年の高校受験に向けて、毎晩遅くまで勉強していた。

初めは嫌々取り組んでいたが、いつしか頑張れば頑張るほど問題集が容易《たやす》く解けることに気が付いた。

そうなってくると、すっかり受験勉強が苦にならなくなっていた。

しかし、あまり根を詰めすぎると、たまに頭を休めたくなってくる。

そのようなときは、寝ている両親を起こさないように気を遣いながら、こっそりと家を出る。

日中の蒸し暑さがまるで嘘のように、過ごしやすい夜であった。

家を出てすぐの大通りを西に向かって歩くと、やがて自動販売機が現れる。

小さな雨蛙《あまがえる》達が販売機に貼り付いて、光に集まってくる羽虫をせっせと頂いているその隙を狙って、硬貨を入れて商品ボタンを押す。

買ったばかりの冷たい清涼飲料水を片手に、ひっそりとした小道へと入っていく。

街灯も疎《まば》らで、人っ子一人姿を見ないばかりでなく、車すらも殆ど通らない。

周囲の田圃で鳴いている牛蛙《うしがえる》の声を聞きながら暫く歩くと、やがて拓けた場所に辿り着く。

薄ぼんやりとした街灯の下、漆黒に染まった木造平屋の建物がヌッと姿を現す。

この製糸工場の跡地はいつ見に来ても美しいが、やはりこの特別な時間に見るのが一番尊いような気がしてならない。

彼女は地べたに腰を下ろすと、目の前に広がる廃工場を見ながら、缶ジュースを飲み始めた。

すると、疲労困憊《こんぱい》していた頭の中が、リフレッシュされるような気がするのだ。

しかしながら、決していいことばかりではない。

先程まで無風だったとしても、突然生暖かい風が吹き始めることが度々ある。

そのときは、少しだけ嫌な気分になってしまう。

その理由は、自分と同じ位かそれよりも若い女の子の声が、風に乗って聞こえてくるからである。

「いたい、いたい、いたぁいよぉ。いたい、いたい、いたぁいよぉ」

そんな悲しげな声が耳に入ってくるときは、この素敵な廃工場からは目を逸らすことにしている。

何故なら、街灯と月明かりに照らされて、この場所にいてはならないモノを目撃してしまうから。

それは、見窄らしく青っぽい着物と袴姿の、お下げ髪の少女である。

まるで何か探しものをしているかのように、廃工場の門の辺りをウロウロと徘徊している。

しかし目を凝らしてよく見てみると、その右手はまるで棒のような形状をしており、掌らしきものは見当たらない。

恐らく、彼女からは目を逸らして、気が付かない風を装うのが最善なのであろう。

いつしかその姿は何処にもいなくなってしまい、辺りに漂っていた生暖かい風も直になくなるのであるから。

だが、暫く見ていたい気持ちもよく分かる。

その場合は、それなりの代償を支払うことになる。

何故なら、いきなり女の子の姿を見失ったかと思うと、唐突に耳元で声が聞こえてくるからである。

「いっだいぃよぉ」

その瞬間は飛び上がるほど驚いてしまう。

しかし、その驚きもそう長くは続かない。

間もなく、感情が酷く揺さぶられて、胸の奥底がじんじんと熱を持ったように痛くなってしまうのである。

時折、深夜にも拘らず、近所の中高生グループが門の前で屯《たむろ》しているときがある。

何がそんなに楽しいのか分からないが、大声で下卑た笑い声を上げまくる、とにかく異様に騒がしい連中である。

しかし、そのような場面に遭遇しても、決して彼らの姿を視界に入れてはいけない。

何故なら彼らの後ろには、恨みがましい表情をしたあの女の子が、薄ぼんやりと浮かんでいるからである。

あの廃工場が取り壊されてから、もう十年近くも経つ。

結婚して他県に住んでいる今でも、東海林さんは毎年お盆の里帰りを欠かすことがない。

今ではコンビニと化して年柄年中目映いばかりの光を放っているその場所に赴くと、必ず一礼することにしている。

そして大昔同様に地べたに腰を下ろして、コンビニで買ったカップ酒を飲むことが、楽しみの一つとなっているのだ。

お下げ髪の、あの少女に思いを馳せながら。

連綿と

「今思うとね、かなりおかしな家庭だったんですよね。ウチって」

宮間さんの実家は、東北地方のとある山間の村落に位置している。

冬は見渡す限り雪景色に覆われて寒いなんてものではなかったし、夏は盆地特有のフェーン現象によって気が遠くなるような暑さであった。

「まあ、でも。そんなことは慣れれば問題ないんですよね。私がどうしても慣れなかったのは……」

宮間家は所謂複合家族で、自分と両親、そして祖父母の五人家族であった。

祖父母は先祖代々伝わる大規模な農地で農業を営み、その一人息子である父は勤務先の小学校で出逢った母と結婚し、宮間さんが生まれた。

農家と勤め人の生活様式の違いから来るのか、家族の間に漂っている何とも表現しづらい雰囲気がとても嫌だったと彼は言う。

物心付いたときから、両親と祖父母の仲は非常に悪かった。

考え方や価値観が全く異なるのか、些細なことでしょっちゅう喧嘩をしていた。

間もなく小学校に上がる年頃の宮間さんでも、何かがおかしいと感じていた。

ある晩のことである。

宮間さんは夜中に尿意を催して、仕方なく便所に向かって歩いていた。

彼の部屋から便所へと向かう廊下の途中に、八畳間の部屋がある。

その部屋の障子からは明かりが漏れており、祖父母と両親の言い争う声が聞こえてきたのだ。

「……いいが、おめェら。アレは儂らの孫なんだず。いいがら、分かってけろォ！」

「親父、ふざけんなよ。誰が自分の可愛い子を、あんなことのために差し出せるかよっ！」

緊張の余り束の間尿意を忘れてしまった宮間さんは、四人の言い争う声に聞き耳を立てた。

「ま、結局途中で便所へ行ったんで、正確には分かりませんでしたが」

迷信じゃない、とか単なる迷信だ、とか。相当激しい口調で舌戦を繰り広げていたらしかった。

「分かったことは一つあって。祖父母側の意見としては、豊穣の儀式にオレを使いたい、てことですかね。そして両親は猛反対している、と」

物凄い剣幕で怒鳴り続ける両親に対して、決して激昂せずに淡々と説得し続ける祖父母、といった構図であったと思われる。

「そして両親は明日にでも家を出る、みたいな話になって。まあ、そこで自分の尿意も限界を迎えたんですけど」

ああ、明日になればこの家を出るのか、などと漠然と考えていた。

しかし、翌朝目覚めると、両親の姿は何処にもなかった。

半べそを掻きながら家中探し回っていると、いきなり祖父に腕を掴まれた。

咄嗟に視線を向けると、何時になく冷たい笑顔を顔面に貼り付かせながら、こう言った。

「今がらよ。ちょっといい所さァ行ぐべなァ」

半ば強引に車の後部座席に乗せられると、これまた冷え切った笑顔を見せている祖母が待ち構えていた。

「大丈夫。大丈夫。怖ェごどなんて、一っつもねえがらよォ」

祖母に身体全体を抱きしめられて窓から景色を見ることすらできないまま、車は走り続ける。

時間にして二、三十分は経過しただろうか。

漸く目的地に着いたのか、またしても祖父に腕を掴まれながら、山道のような小道を歩かされた。

時間はまだ早朝だったらしく、朝靄《あさもや》が辺りを埋め尽くすほど漂っている。

やがて、目の前に、小汚い古びた神社のようなものが現れた。

朱い塗装が所々剥げている古い鳥居の奥、今にも崩れそうな社の前には十数人の人々が待ち構えていた。

皆一様に白装束に身を包み、更に頭から黒い布のようなものを顔面に垂らしている。

〈みんな、何処かで見たような気がするけど、顔が見えないから分かんないや〉

そのようなことを薄ぼんやりと考えていると、社の前には一畳程度の茣蓙《ござ》らしきものが敷いてある。

半ば強引にその場所まで引きずられていくと、その場で無理矢理正座させられた。

祖父が目隠しのようなものを宮間さんに施しながら、こう言った。

「いいな、目隠しをしたまま目ェ瞑っていろよォ。絶対に、何があっても、だァ」

宮間さんは怖くなって、コクりと頷いた。

茣蓙の上で正座させられて間もなく、辺りから人々の読経らしきものが聞こえてきた。

それは呪文のようにも聞こえていたが、とにかく彼は恐ろしさの余り、俯いたままぎゅっと目を瞑っていた。

そのとき。

不気味な読経らしきものが終わったかと思うと、いきなり獣の唸り声が聞こえてきた。

それとともに、妙に生臭い香りが微風とともにやってきて、宮間さんは思わず身構える。

すると、いきなり氷のように冷たく柔らかい何かが両耳に触れた。

「……うっ！」

堪らず、思わず声が出てしまった。

今度はその冷たい何かが、後頭部にある目隠しの結び目を解き始めた。

祖父がきつく結んだはずの目隠しがいとも簡単に解けてしまい、はらりと膝に落ちたかと思ったその瞬間。

異様にべた付く舌のような悍ましいもので、鼻の頭を舐め上げられた。

獣臭の半端ない唾液が顔面に残り、思わず吐き気を催す。

最早我慢できなくなってしまい、ほんの一瞬だけのつもりで瞼を開けてしまった。

宮間さんはそのときに初めて知ったのである。本当に恐ろしいものを見たときは、悲鳴すら出ないことを。

目の前にあるのは、顔面を鋭い何かでざくざくに切り裂かれた、少女の顔。

髪は、かなり長い。そして、両目は真っ白に濁っている。

まるで魅入られたかのように、目前から目を逸らすことができない。

すると、蛞蝓を思わせる赤黒くて長い舌が、鼻の頭をまたしても舐め上げた。

と同時に、左手付近に鋭い痛みが走った。

その余りの痛さに、宮間さんはそのまま気を失ってしまったのである。


気が付いたときには、自室で眠っていた。

そして訳が分からず布団から身体を起こそうとした瞬間、左手に重苦しい痛みが走った。

咄嗟に視線を向けると、一体どういった訳か、左手は包帯でぐるぐる巻きにされていた。

そしてパッと見ではあったが、本来あるべきものが綺麗さっぱりなくなっているような感覚に囚われた。

あんなに探しても見当たらなかった両親がいつの間にか側におり、大きな声で号泣しながらひたすら謝り続けている。

そして、自分の身に起きている変化に到底ついていけなかったのか、宮間さんはまたしてもその場で気を失ってしまった。

その後、宮間さんは小中高時代を乗り切ると、祖父母の反対を押し切って、都会の大学に進学したのである。

勿論、実家を出ての一人暮らしであった。

そうして今では、都内の不動産会社に勤務して、それなりに充実した毎日を送っている。

両親とは、今でも定期的に連絡を取っている。

しかし、電話での会話になると、側で祖父母が聞き耳を立てているのか、どことなくよそよそしい。

実家を離れて大分経った今でも、祖父母からはほぼ毎日のように電話が掛かってくる。

どうやら実家に戻ってきてほしいとのことだが、宮間さんにその気は一切ない。

「ね、親指が根元からなくなっているでしょう。ほら、綺麗さっぱり根元から」

失った当初の痛みは相当なものであったが、その傷の治りは異様に早かったという。

あのとき、何故両親は一時的にいなくなってしまったのであろうか。

どうやら、二人とも墓場まで持って行くつもりなのか、今でも何一つとして語ってはくれない。

「あ、言い忘れてたけど。ウチの父親と祖父も同じなんですよね。えっ、何がって？　ああ、左手の親指がないんですよ」

ゴンドラ

新埜《にいの》さんは仲間内ではそこそこ有名な怪魚釣りの第一人者である。

若い頃は北海道から九州まで釣り歩いたが、年齢を経て少々落ち着いたのか、今では地元が主な釣り場となっていた。

房総半島の海沿いに住んでいるのにも拘らず専ら淡水での釣りを主とし、しかも鯰《なまず》や雷魚《らいぎょ》といった大型の淡水魚ばかりを年中狙っている。

田植えの季節になるとそこら辺の小川でよく見られる鯰はともかく、年々数が減っているといわれている雷魚に至っては、自分で生息場所を探すしかなかった。

何故なら、生息していることが知られた場所は県内のみならず県外からも釣り人がワラワラと現れて、あっという間に潰されてしまうからである。

そんな訳で彼は週末になると、インターネットの地図を駆使しては、釣り人が足を踏み入れていないであろう、未知の野池を目指して山中を彷徨っていた。

早朝にも拘らず気温は容赦なく上がり続け、猛暑の兆しをふんだんに感じることができる、そんな日のこと。

身体中から湧き出る汗をせっせと拭いながら、新埜さんは相も変わらず山中を彷徨っていた。

インターネット上の地図によると、この辺りに良い感じの野池があるはずなのだが。

しかし、野池があるはずの場所には、何処からどう見ても、今にも崩れ落ちそうな町工場の廃墟らしきものしか見当たらない。

今までこのようなことは一度もなかった。そのくらいにはこの地図に全幅の信頼を寄せていたので、かなり拍子抜けしてしまった。

外観の至る所に目を遣っても、看板や文字が何一つ見つからないため、全盛期には何を拵えていた工場なのかさっぱり分からない。

ひょっとして、この奥に野池があるのか。

そんなことが一瞬だけ脳裏を過《よぎ》ったが、さすがに馬鹿馬鹿し過ぎるし、時間がもったいない。

〈さて、他を当たるか〉

そう思いつつ踵を返そうとしたが、何故か身体が言うことを聞かない。

ねっとりとして粘り気のある、厭な汗が額から湧き出てくる。

〈ま、でも。折角ここまで来たんだから〉

一体どんな思考でそうなったのかは皆目分からない。ただそう思ったことは確かであって、結果的には崩れ落ちそうな建物の中へと足を運んでいった。

入り口らしき所から内部に入った瞬間、天井のあまりの高さに驚いた。

勿論所々崩落しており、夏の日差しが容赦なく屋内に侵入してはいたが、それでも大部分は雨ざらしから逃れてはいた。

足下には、腐食腐敗して原形を留めていない、夥しい数の残留物が至る所に転がっている。

誤って踏まないように細心の注意を払いながら、ゆっくりと奥のほうへと向かって歩いていく。

それにしても、散乱している残留物には、ぼろぼろになった冊子らしきものが非常に多かった。

床で開きっぱなしになっているそれらには、何枚もの写真が貼り付けてある。

印画紙に写っていたものは既に何が何やらさっぱり分からない状態になっていたが、何の気なしに一冊手に取ってみることにした。

何かの蛹《さなぎ》が羽化した後の殻が幾つか付着した頁を捲ってみる。

湿気《しけ》って固着した頁を力任せに剥がすと、奇跡的に無傷の写真が露わになった。

それは明らかに、結婚式のものと思われる一枚であった。

袴と着物姿の二人の男女が、幸せそうな表情で写っている。

それを見た瞬間、どうして廃工場にこんなものが落ちているのか、不思議に思った。

しかし、他の残留物を確認してみたところ、そもそも工場の廃墟といった認識が間違っていることに気が付いた。

ここは、恐らく、結婚式場の廃墟なのであろう。

幸せそうなカップルの写真が大量に残されているし、勿論中身は入っていないが、空の祝儀袋の山が幾つも見つかった。

と、すると。

部屋の中央にある、先程から気になっている機械仕掛けの乗り物のようなものは一体何だろうか。

形状的には二、三人乗れそうな感じもする。

と思った瞬間、その正体が分かったような気がした。

恐らく、それはゴンドラに違いない。

結婚式を挙げているカップルがこれに乗って来賓の前に現れる、最早罰ゲームにしか思えない乗り物に間違いないであろう。

現役時代には幾多のカップルを乗せたか分からない、昭和時代の遺物がここにあるのだ。

恐らくスモークが焚かれた演出のもと、幸せな二人はここから現われ出たに違いない。

想像しただけで、結婚とは縁のない新埜さんは、思わず声を上げて笑い始めた。

「これって、殆ど拷問だよね」

余程笑いのツボに入ってしまったのか、笑いが止まらない。

散々大笑いしたあとで、何げなく視線をゴンドラらしき物体に向けると、籠の中に一冊のノートらしきものがあることに気が付いた。

〈コレって、乗っても大丈夫だよな〉

ビクビクしながら籠に入ると、落ちていたノートを引っ手繰って、すぐに降りた。

それは何処にでもありそうな一般的なノートで、表紙には何も書かれていないが、かなりの年代物である。

早速頁を捲ろうとするが、予想通り湿気で固着しているのか、なかなか捲れない。

〈仕方がない〉

力任せに捲ることにして、何枚か失敗して破いた後、漸く綺麗に剥がせた頁を見た途端、一瞬で身体が凝り固まったかのように動けなくなってしまった。

全身に震えが生じて、呼吸も荒くなっていることが自分でもはっきりと理解できる。

何故ならばその頁には、自分の名前と住所が書いてあったからである。その字は妙に丸っこく可愛らしい文字で、今まで見た記憶が全くない。

〈ひょっとして〉

誰か知人の悪戯《いたずら》だろうか、と思った。

しかし、すぐに思い直した。

一体、誰にこのようなことができるのか。

ここには偶然立ち寄っただけに過ぎないし、勿論ここに来ることは誰にも話していない。そもそも釣りに来てたまたま野池と被ったので入っただけで、元々このような廃墟に立ち入る趣味はない。

〈ああ、薄気味悪い〉

自分の名前と住所が記入してあるノートをその場に放り投げると、足早に立ち去ることにした。

踵を返して去ろうとした、そのとき。

背後から、異様なまでに重苦しい機械音が鳴り響き始めた。

慌てて振り返るが、一見したところ、見た目は先程と何も変わっていない。当然のように、一切音もしていない。

しかし、先程聞こえてきた重低音は一体何だったのであろうか。

やはり、何処となく気持ちが悪い。いや、むしろヤバイのかもしれない。早くここから逃げなければ。

そう思った途端、またしても重低音が鳴り始めた。

その音を聞くなり、彼はその場から脱兎の如く逃げ出した。

そして、その日の釣りを諦めて、まっすぐ自宅へと戻ることにしたのである。


対向車も疎らな山道を運転中、背後から妙な気配を感じた。

いつからのことなのかはっきりとは分からないが、確実に視線らしきものを感じている。

〈これって、ヤバイのかもしれない〉

そう思いつつカーステレオのボリュームを限界まで上げて、更に大声で歌いながら何とか誤魔化そうとしたが、厭な視線は全く消えることがない。

〈一体、どうすればいいのか〉

そのようなことを思いつつハンドルを握っていると、いきなり何の前触れもなく、下腹部に痛みを感じ始めた。

過度のストレスのせいに違いない。

たまたま見えてきたコンビニに駐車して、トイレへと駆け込む。

場所を変えても消えようとしない視線らしきものに耐えながらそこで用を足していると、何げなく壁に書かれている落書きに目を遣った。

その瞬間、思わず息が止まった。

そこには自分の名前と住所が、鉛筆と思しき筆記具で書かれていたのだ。

見覚えのある、あの丸っこい文字で。

咄嗟にズボンのポケットから財布を取り出した。そして十円玉を小銭入れから掴み出すと、硬貨の縁を使って書かれた文字を削り始めた。

周囲に不快な音が鳴り響くが、知ったことではない。

そして相変わらず背後から寄せられる視線らしきものを感じながら、トイレから出て出口に向かうと、あっという間に車へと飛び乗った。


運転中、様々な考えが頭を過る。

ひょっとして、あの廃墟で何かとんでもないことをしてしまったのであろうか。

全く身に覚えがないが、何か罰当たりなことを。

相も変わらず刺さるような視線を背後に感じながら、幾度となくバックミラーで後方を確認するが、当然の如く何も映らない。

そうこうしてるうちに、漸く自宅付近へと近づいてきた。

国道を右折して、家路へと向かう田圃に囲まれた小道をひた走る。

その途中、不可解なものを目撃してしまった。

車通りのあまり激しくない小道を一人歩く、ウエディングドレスを着た女性。

物凄く緩慢な歩みで、田圃道を一人で歩いている。

あまりの物珍しさからスピードを落として見物してみるが、どう考えても不自然である。

ドレスの裾はかなり泥に塗れており、しかも足首が見える程乱雑に引きちぎられていた。

靴も片足しか履いていないせいか、明らかに跛行《はこう》している。

ひょっとして事件か何かなのかもしれない。

だとしたら、放っておけるはずもない。

急いで車を小道の端に駐めると、新埜さんは小走りで彼女の所まで近寄っていった。

「……あの、どうかしましたか？」

そう言いながら女性の顔を覗き込もうとしたが、灰色に変色したベールが邪魔になって一向に分からない。

「あの……」

そう言いかけて、ふと言葉が続かなくなった。

ちょっと待って。彼女が右手に持っているもの、あれって。

廃墟のゴンドラの中に落ちていた、あのノートじゃないのか。

あのよれ具合、そしてノートの表紙。

そう思った瞬間、女の動きがいきなり止まった。

そしてそのまま、身体の色合いが徐々に薄くなっていき、あっという間にその場から消えてなくなってしまったのだ。

まるで、元々実体などなかったかのように。

心臓が早鐘を打ち続け、呼吸が苦しくて苦しくて仕方がない。

「つくそっっっっっっっ！」

思わず絶叫しながら車に飛び乗ると、速度など一切気にすることなく車を走らせ、家へと辿り着くことができた。

恐らく、想像以上に酷く疲れていたのであろう。

その日はすぐにシャワーを浴びると、まだ夕方にも拘らず猛烈な睡魔に襲われていた。

これ以上、我慢できない。

明日は日曜日だったこともあって気が緩んでいたのか、何げなく布団に横たわった瞬間、新埜さんはいつの間にか眠りに落ちてしまった。

その晩、不思議な夢を見た。

新埜さんは何故かタキシード姿で、結婚式場らしい場所で一人佇んでいる。

自分がこのような場所にいる意味が分からずおろおろしていると、いつの間にか場所が変わっていた。

一瞬そこはエレベーター内かと思ったが、それにしてはどうにも開放的すぎる。

ドアらしき柵のようなものは何かの模様が施された、豪華なものであった。

それにしても、妙に狭い。

これではどう頑張っても、二人位しか乗れないのではないか。

そう思った途端、左隣に人の気配を感じた。

慌てて視線を向けると、純白のウエディングドレスを身に纏った女性がすぐ側に立っていた。

そして、まるで自分にぴったりと寄り添うかのように、妙に馴れ馴れしく撓垂《しなだ》れかかっている。

顔を覗き込もうとしたが、灰色のベールが壁になって全く見ることができない。

その瞬間、息が止まった。

あれ、これって何処かで見たような。そんな気がしてならない。

と同時に、左腕に強烈な痛みが走った。

まるで万力にでも締め上げられているような、とてもじゃないが我慢できそうもない痛みである。

咄嗟に大声を上げて、寄り添う女を突き飛ばそうとするが、無理であった。

自分の腕に絡まった女の腕は、まるで縫い合わされでもしたかのように、一向に離れないのだ。

何度も何度も突き放そうと試みるが、どうにもならない。

左腕に走る痛みはより一層激しさを増していく。

そのとき、である。

何処からともなくチャイムのような音が聞こえてきたかと思うと、物凄い速度で一気に現実へと引き戻された。

気付くと、信じられないような荒い呼吸をしており、更に異様なほどに汗を掻いている。

下着も布団もぐちゃぐちゃに濡れており、恐ろしく不快であった。

「ピンポーン……ピンポーン」

　初めは何が起きているのか理解できなかったが、誰かが呼び鈴を押していることに漸く気が付いた。

「……ああ、夢で良かった」

　ほっと溜め息を吐きながら玄関のドアを開けると、隣に住んでいる爺さんが立っていた。

　この爺さんは年金暮らしの身にも拘らず毎日のように工事現場でアルバイトをしており、しょっちゅう家の近くで見かけては挨拶を交わしていた仲であった。

「ああ、申し訳ないです。もしかして、うるさかったですか？」

　どういった理由で訪ねてきたのかよく分からなかったが、咄嗟に身に覚えのないことで謝ってみた。

「ん？　いやいや。ちょっと心配になってねェ。何せ、こんなものを見つけたんで」

　真っ黒に日焼けした皺だらけの顔面をにこやかに崩しながら、爺さんは一枚の紙切れと紙袋らしきものを見せてくれた。

「……何ですか、コレ」

　そう言いながら紙切れを見た瞬間、背筋を冷たいものが瞬時に駆け抜けていった。

　そこには絶対に見覚えのある、あの文字が書かれていた。例の丸まった字で、自分の名前と住所が記載されていたのだ。

「これ、アンタの名前と住所でしょ？　何でか知らないけど、これと一緒に現場から出てきたんだよな」

そう言って手渡された紙袋には、かつては純白だったと思われるウエディングドレスらしき代物が、無造作に丸まって入っていたのである。

「何であんなところに埋まっていたのか知らないけど、ひょっとして探しているのかと思ってね」

未だに理解が追いつかないが、この場は何とかするしかない。

その一心からか、爺さんに礼を何度もいって、その紙片と紙袋を受け取ることにした。

だが、コレらは一体、何なのであろうか。

それらを前にして一生懸命考えを巡らすが、当然の如く何の解決法も浮かんでこない。

しかし、このまま手を拱《こまね》いていたら、とんでもないことが起きるような気がする。

そのとき、突然とある考えが浮かんだ。

「そうか。それしかないの、か」

彼は車に飛び乗ると、例の廃墟へと向かって目一杯車を飛ばした。

うねるような山道を突き進んでいき、今朝と同じ場所へと駐車した。

そして例の廃墟へ向かおうとしたが、陽は既に落ちており、懐中電灯を駆使してもなかなか辿り着くことができない。

それでも諦めることなく懸命に探し回ったおかげで、漸くそれらしき廃墟を見つけた。

先程とは違って辺りは本物の闇に囲まれており、さすがに日中のそれとは勝手が違う。

気合いを入れるために唸り声のような大声を出した後、一気に中へと入っていく。

懐中電灯の光をゴンドラらしき残骸に向けると、そこには例のノートがぽつんと残っていた。

引っ手繰るようにそれを手に取ると、そのまま何も考えずに廃墟から飛び出した。

そして廃墟から少し離れた、やや開けた場所を見つけると、例のノートを地べたに置いた。

さらに、持参した紙袋に入ったウエディングドレスを取り出して、ノートと一緒に丸めて、一塊にした。

ポケットからオイルライター用オイルを取り出すと、その上にたっぷりと振り掛け、間髪入れずに使い捨てライターで火を付けた。

ぼうっと音を立てて、それらは一瞬の内に火に包まれる。

勿論確証は何一つとしてなかったが、恐らくこれらはヤバイものに違いない。といった訳で、一か八か火の力に頼ることにしたのである。

予想以上に火の勢いが強くなっていき、濛々《もうもう》と立ち込める黒煙に何か異様なものを感じ取っていた。

しかも、布と紙を燃やしているだけなのに、辺りには信じられないような悪臭が漂っている。

その臭いはまるで腐った肉を焼いたかのような酷い異臭で、我慢できずにその場で何回か吐いてしまうほどであった。


それからは、新埜さんの周りでおかしな出来事は一切起きていない。

自分の考えが大正解だったことが今でも信じられないが、恐らくそうだったのであろう。

「だって、オレってとことんツキがないから。ホント、こんなに上手くいくのなんて生まれて初めてかもしれないよね」

そう言いながら、口角の片側を上げつつ、奇妙な笑みを浮かべている。

しかし、急に真顔に戻って、こう言った。

「あの結婚式場らしき廃墟なんですけど。やっぱりおかしいんだよね。あんな交通の便の悪い山の中に、あれだけ立派な結婚式場は絶対に作らないと思う。だって、客なんて来ないでしょ、あんなところ。しかも、あんなゴンドラまでわざわざ備えてさ……」
そう言いながら新埜さんは何度も何度も小首を傾げた。

★読者アンケートのお願い

本書のご感想をお寄せください。アンケートをお寄せいただきました方から抽選で 10 名様に図書カードを差し上げます。

（締切：2023 年 10 月 31 日まで）

応募フォームはこちら

鬼訊怪談

2023 年 10 月 6 日　初版第一刷発行

著者……渡部正和
監修……加藤 一
カバーデザイン……橋元浩明（sowhat.Inc）

発行人……後藤明信
発行所……株式会社　竹書房
〒 102-0075　東京都千代田区三番町 8-1　三番町東急ビル 6F
email: info@takeshobo.co.jp
http://www.takeshobo.co.jp
印刷・製本……中央精版印刷株式会社